XINNENGYUAN QICHE DIANJI QUDONG
SHIYAN ZHIDAO JIAOCHENG

新能源汽车电机驱动实验指导教程

主　编　夏金威　王　鹏
副主编　张惠国　鲁　宏

苏州大学出版社
Soochow University Press

图书在版编目(CIP)数据

新能源汽车电机驱动实验指导教程 / 夏金威,王鹏主编. -- 苏州：苏州大学出版社, 2024.7. -- ISBN 978-7-5672-4903-5

Ⅰ. U469.720.7

中国国家版本馆 CIP 数据核字第 2024DX7034 号

书　　名：	新能源汽车电机驱动实验指导教程
主　　编：	夏金威　王　鹏
责任编辑：	吴昌兴
装帧设计：	刘　俊
出版发行：	苏州大学出版社（Soochow University Press）
社　　址：	苏州市十梓街 1 号　邮编：215006
印　　刷：	镇江文苑制版印刷有限责任公司
邮购热线：	0512-67480030
销售热线：	0512-67481020
开　　本：	718 mm×1 000 mm　1/16　印张：11.25　字数：196 千
版　　次：	2024 年 7 月第 1 版
印　　次：	2024 年 7 月第 1 次印刷
书　　号：	ISBN 978-7-5672-4903-5
定　　价：	42.00 元

图书若有印装错误，本社负责调换
苏州大学出版社营销部　电话：0512-67481020
苏州大学出版社网址　http://www.sudapress.com
苏州大学出版社邮箱　sdcbs@suda.edu.cn

PREFACE 前言

电机是传动及控制系统中的重要组成部分，随着现代科学技术的发展，电机在实际应用中的重点已经从过去简单的传动向复杂的控制转移，尤其是对电机的速度、位置、转矩的精确控制。

电机控制一直都是工业设备的重要组成部分，工业自动化设备离不开电机控制。电机控制按照控制方法可以分为开环控制和闭环控制。开环控制就是不加反馈，直接控制电机转动，这样做有一个很大的缺点，就是控制机构无法得知电机当前状态，当电机发生堵转或者失控时，控制机构无法阻止电机转动。闭环控制就是通过相关设备检测电机的运行状态参数，如转速、扭矩等。举个例子就是当电机添加了负载之后，转速达不到预期，可以实时改变输出量，进而改变电机转速。闭环控制最常用的算法就是PID，因为PID算法简单易懂，无须针对被控制量建立精确的系统模型，能够很好地实现快速、准确的调节，达到预期值。

每一种电机的驱动方式都不一样，有刷直流电机使用直流电压直接控制，而无刷直流电机则需要通过不断改变三相绕组的电压组合来控制。舵机则是使用不同占空比的PWM波形来控制。实验箱选取ST的STM32F40x系列的芯片来作为主控芯片，可以灵活地输出控制脉冲到驱动板，从而驱动多种不同的电机转动。

电机种类繁多，驱动方式不一，但是电机控制的原理却大同小异。因为在应用上没什么差别，所以理论上只要性能参数合适，各个电机都可以用于同一设备，当然驱动方式是不一样的，需要的硬件和软件也不一样，实现的复杂程度更是完全不同。

由于实验示例代码过于烦琐，有一些算法需要调用多个函数来实现，并且实际代码为了便于编写使用大量的换行缩进导致内容不紧凑，所以部分的代码会以伪代码的形式或者挑选一些重要代码来进行说明。本书主要讲述清楚程序编程的流程，不过于注重细节，在学习时应结合示例程序一起阅读。

本教程由常熟理工学院夏金威、王鹏老师担任主编，张惠国、鲁宏老师担任副主编。其中张惠国、鲁宏老师共同编写了第 1、2 章，夏金威、王鹏老师编写了第 3 至 5 章，全书由夏金威负责组织、统稿工作。

本书在写作过程中参考了国内外许多专家学者的文献和网络资源，部分内容来自硬石电机控制实验箱指导书，在此，我们对教程中所引用的参考资料的作者表示衷心的感谢。

由于编者水平所限，加之时间仓促，书中难免有疏漏和不妥之处，敬请广大读者和专家批评指正。

编 者

2024 年 4 月

目录

第1章 电机控制技术基础 /1

1.1 YS-ExBox 电机控制实验箱简介 /3
1.2 电机控制基础知识准备 /21

第2章 MDK5 使用 /25

2.1 MDK5 简介 /27
2.2 新建基于固件库的 MDK5 工程模板 /28

第3章 STM32 电机控制实验（基础驱动） /33

3.1 串口屏通信实验 /35
3.2 有刷直流电机驱动实验 /43
3.3 编码器接口实验 /52
3.4 伺服舵机驱动实验 /60
3.5 28 步进电机驱动实验 /64
3.6 57 步进电机实验 /73
3.7 6 步 PWM 方波输出实验 /88
3.8 BLDC 和 PMSM 驱动实验 /95

第4章 STM32 电机控制实验（高级驱动） /109

4.1 有刷直流电机速度闭环控制实验 /111
4.2 有刷直流电机位置闭环控制实验 /120

4.3 有刷直流电机电流闭环控制实验 /125

4.4 梯形加减速算法实现实验 /131

4.5 步进电机 PID 速度闭环控制实验 /143

4.6 BLDC 和 PMSM 速度闭环控制实验 /147

4.7 自动搜索原点实现实验 /154

第 5 章 STM32 电机控制实验（实际应用控制） /163

5.1 有刷电机圆盘式存储箱应用 /165

5.2 USB 离线控制无刷电机应用 /169

参考文献 /174

第 1 章　电机控制技术基础

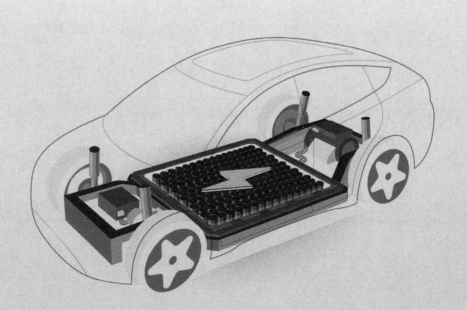

1.1 YS-ExBox 电机控制实验箱简介

1.1.1 组成模块

电机控制实验箱所包含的电机有以下 6 种类型：

① GM37-545 有刷直流电机；

② 28BYJ-48 步进电机；

③ 双出轴 57BYG250B 步进电机；

④ MG996R 舵机；

⑤ 无刷直流电机；

⑥ 永磁同步电机。

电机控制实验涉及控制电机的转向、速度、电流、圈数。电机控制可以分为开环控制和闭环控制，本身具有精准控制特性的步进电机可以使用开环控制，而其他的电机，则需要通过编码器或者霍尔传感器来实现闭环控制。当然在特定要求的情况下，只使用开环控制也是可以的。根据电机的特性，闭环控制也可以分为位置闭环控制、速度闭环控制、电流闭环控制。

本实验箱包含 6 种基本类型的直流电机，大部分的直流电机都可以在这些电机上面找到共同特点，如空心杯电机、航模电机等，电机控制实验箱整体由以下几个模块组成。

1. 30 V 可调稳压电源

电源具有恒流、恒压输出，过流保护功能，四位半可调 30 V/5 A 输出。主要特点如下：

- 数控操作型直流电源；
- 电压与电流的粗调、细调设置；
- 数字电位器控制；
- 4 位高精度显示；
- 软件校准；

- 过流保护功能；
- 前面板锁定功能。

电源输出参数见表1.1.1。

表1.1.1 电源输出参数

项目	参数
电压范围/电流范围	电压：0~30 V / 电流：0~5 A
设置分辨率	电压：10 mV / 电流：1 mA
纹波（20 Hz~20 MHz）	电压：≤2 mV rms / 电流：≤3 mA rms
读取精度	电压：10 mV / 电流：1 mA
温度系数	电压：≤150 ppm / 电流：≤150 ppm
设置精度（25 ℃±5 ℃）	电压：≤0.5%+20 mV / 电流：≤0.5%+10 mA
线性调节	电压：≤0.01%+3 mV / 电流：≤0.1%+3 mA

直流稳压电源输出操作面板如图1.1.1所示。

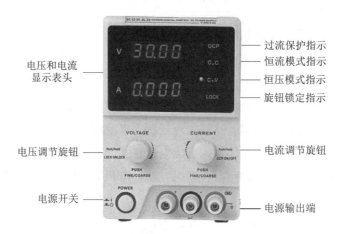

图1.1.1 直流稳压电源输出操作面板

电压调节旋钮：按下电压调节旋钮电压，表头闪烁，此时调节旋钮可以改变电压输出。表头闪烁时再次按下旋钮，则可以改变旋钮转动时的调节分辨率。按住电压调节旋钮3 s，将会锁定面板上旋钮及按键的操作，LOCK指示灯点亮；再次按住3 s，则取消锁定。

电流调节旋钮：按下电流调节旋钮电流，表头闪烁，此时调节旋钮可以改变电流输出。表头闪烁时再次按下旋钮，则可以改变旋钮转动时的调节分辨率。按住电流调节旋钮 3 s，将会使能过流保护（over current protection，简称 OCP），同时 OCP 指示灯点亮。此时输出电流若超过设定值则输出会关断，去掉负载后按下电流调节旋钮，输出再次启动。再次按住 3 s，则取消 OCP。

在实验箱内部已将电源与各部分模块的电源接口连接好，只需按下开关即可使用，同时也可以通过电源输出端给其他设备供电，供电时要注意"+""–"作为直流电源的正极和负极，"GND"用于接地。

2. YS-F4Pro 工业 & 运动控制开发板

YS-F4Pro 工业 & 运动控制开发板如图 1.1.2 所示，主要负责控制各个模块电机的转动和串口屏信息显示，具备脉宽调制脉冲输出和通用输入输出功能。主控芯片是 STM32F407IGT6，属于 Cortex-M 系列中的高性能芯片，主频可达 168 MHz，1M Flash 空间，192 KB RAM，具有多达 10 个定时器可用于脉冲输出，各个定时器之间相互独立，可同时控制多个电机。同时具备多种通信方式，包括 UART、SPI、CAN、Ethernet 等，供电电压可兼容 5~36 V。

图 1.1.2　YS-F4Pro 工业 & 运动控制开发板

主控板带有隔离输入输出接线端子、共模抑制电路，具备多个工业接口，并带有增量式编码器接口，可同时控制多个步进电机、无刷电机；支持多种工业通信方案，包括 RS485/232 通信接口、USB 通信接口、蓝牙模块接口等。通用输入输出端口可支持工业 3.3~24 V。

3. HMI 串口屏

HMI 串口屏采用 4 线 7 寸串口屏（图 1.1.3）作为人机交互接口，型号是 TJC8048T070_011R，分辨率是 800×480，屏幕比是 16∶9，16 bit 调色板，可调背景亮度。可以使用 SD 卡或者串口方式下载程序，串口波特率可调。本实验箱所用程序全部默认是 115 200 bit/s，接口电平是 3.3 V/5 V TTL 电平。通信模式是 8 位数据位，1 位停止位，无奇偶校验。最高可达 16 MB 的字库图片存储空间，运行内存是 3 584 Byte。触控屏类型是电阻式。编程软件简单易用，有 C 语言基础的初学者都可以轻易上手，使用串口通信可以直接与开发板连接。

图 1.1.3　HMI 串口屏

4. 有刷直流电机驱动模块

有刷直流电机驱动模块包括有刷直流驱动板和有刷直流电机。GM37-545 有刷直流电机驱动模块（图 1.1.4），自带 11 线旋转增量式编码器，输出两相 90°相位差的方波脉冲，电机减速比是 30，输出轴转动一圈，编码器每一相输出 11×30 个脉冲，4 倍频之后就是 4×11×30 个计数信号。电机最高转速是 380 r/min。

图 1.1.4　有刷直流电机驱动模块

有刷电机驱动板带有编码器接口，可以直接与电机的编码器输出连接。电机驱动方式采用 4 个 MOS 管组成的 H 桥驱动电路。在 MOS 管低端接地之前串接一个 20 mΩ 的采样电阻采集电机电流。驱动板支持位置闭环控制、速度闭环控制、电流闭环控制。采样电阻的电压信号接入比较芯片输入端，通过与固定的电压比较，超过一定的阈值将输出一个信号来关断 MOS 管的输出功能，达到硬件过流保护的目的。

5. 28BYJ-48 步进电机

28BYJ-48 步进电机是五线四相步进电机，如图 1.1.5 所示。供电电压是 5 V，空载启动频率≥500 Hz，空载运行频率≥800 Hz，转矩≥29.4 mN·m，自定位转矩≥34.3 mN·m，减速比是 1∶64，步距角是 5.625/64°。驱动方式一般使用直流电机驱动芯片 ULN2003 驱动。

图 1.1.5　28BYJ-48 步进电机

6. 滚珠丝杆滑台导轨模块

滚珠丝杆滑台导轨（简称丝杆或丝杆导轨）如图 1.1.6 所示，包含 57BYG250B 步进电机（简称 57 步进电机）、限位开关、编码器和步进电机驱动器等。

丝杆实际可活动范围超 200 mm，但由于各种因素限制，这里人为限制可活动长度为 200 mm，即代码里默认丝杆长度是 200 mm。

步进电机型号是 57BYG250B，是 57 双出轴步进电机，两相四线，电流为 2.5 A，输出力矩为 1.2 N·m。

限位开关属于金属感应器，只有靠近金属才会有反应，定位精度高，适用于自动化生产线，在这里用于行程限位和物体定位功能。输出类型是 24 V 3 线 NPN 型。

编码器是 HN38-06-N 增量型旋转编码器，A、B 两相，通过旋转的光栅盘和光耦产生可识别方向的计数脉冲信号，单相 600 脉冲每转，DC 7-30 V 宽电压供电。最大机械转速为 6 300 r/min。

驱动器型号是 TB6600，输入 9~42 V 直流电压，最高 4 A 电流，最高可达 32 细分，具有过流、过压、欠压、短路保护功能，还可以使用脱机保护功能。

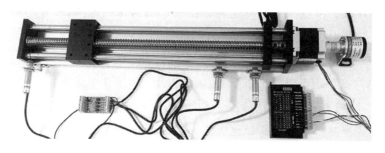

图 1.1.6　滚珠丝杆滑台导轨

7. MG996R 舵机

MG996R 舵机（图 1.1.7）的反应速度是 0.17 s/60°（4.8 V）、0.14 s/60°（6 V），每平方厘米拉力可达 92 N（4.8 V）、108 N（6 V），工作电压为 4.8~7.2 V，工作死区是 5 μs，工作温度为 0~55 ℃。使用金属齿轮，适用 50 级~90 级甲醇固定翼机及 26~50 mL 汽油固定翼机等。

图 1.1.7　MG996R 舵机

8. 无刷直流电机驱动模块

无刷直流电机驱动模块（图 1.1.8）包括无刷直流电机驱动板和无刷直流电机/永磁同步电机（permanent magnet synchronous motor，简称 PMSM），两个电机并不能同时使用，但是在代码方面可以共用。两个电机都带有三相 120°的霍尔传感器输出。PMSM 更是同时带有霍尔和编码器输出接口，两种接口可选其中一个。

无刷直流电机驱动板具备电流采集、电压反馈、温度监控和紧急刹车等功能。驱动板在电机每一相都串接了一个高功率、低阻值的采样电阻，用于采集三相电流，运行 ST 的磁场定向控制（field oriented control，简称 FOC）电机库，电源总线采用分压电阻的形式采集电压信号。在 MOS 管旁边有一个温敏电阻，可以起到过热保护的作用。编码器输出电源可以选 5/11 V。

图 1.1.8　无刷直流电机驱动模块

实验模块位置分布如图 1.1.9 所示。

可调电源	滚珠丝杆滑台导轨			
HMI串口屏	电机控制紧急开关	舵机	28步进电机	步进电机驱动器
				PMSM电机
	无刷直流电机驱动板			
YS-F4Pro工业&运动控制开发板				BLDC电机
	有刷直流电机驱动板			BDC电机

图 1.1.9　实验模块位置分布图

1.1.2　综合实验操作说明

1. 下载程序

（1）主控板的程序烧录

使用配套的 ST-Link 连接 YS-F4Pro 主控板的 SWD 接口，如图 1.1.10 所示。

图 1.1.10 ST-Link 连接图

主控板的电源由实验箱的稳压电源提供，主要使用左上方的接线端子，这里并不需要使用 DC 插座；ST-Link 的另一端连接到计算机的 USB 接口。下载程序之前需要把主控板的开关推到"ON"的位置，从而为主控芯片供电。

使用电脑端的嵌入式开发工具 Keil MDK-ARM 和 IAR Embedded Workbench 打开配套的综合演示例程。若使用 Keil MDK-ARM 开发工具，则按照图 1.1.11 所示路径打开后缀名为 .uvprojx 的 μVision5 Project 文件。

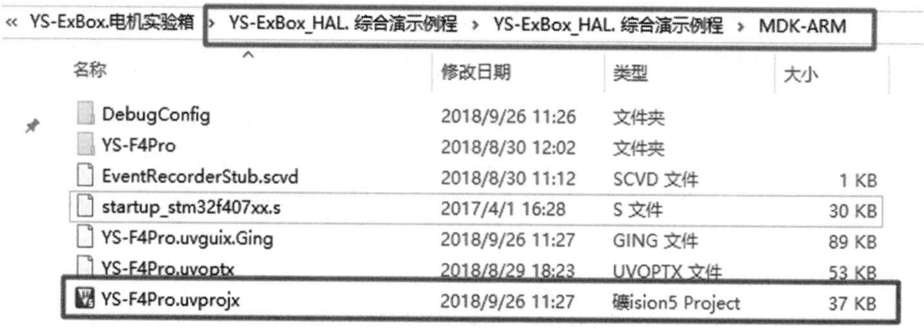

图 1.1.11 Keil Project 文件路径

如图 1.1.12 所示，若使用 IAR Embedded Workbench 开发工具，则按照图 1.1.12 所示路径打开后缀名为 .eww 的 Workspace 文件。

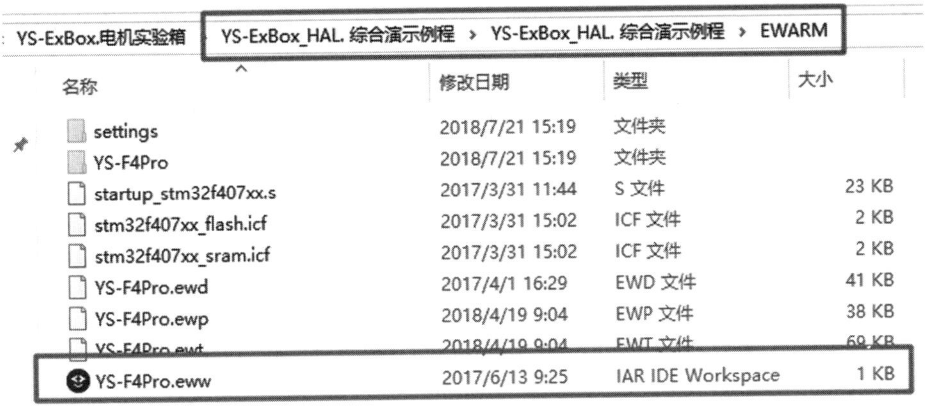

图 1.1.12　IAR 工作台文件路径

打开工程文件之后，在 Keil 的工具栏中找到编译工具栏按钮。编译工具栏中，常用的按钮是"rebuild"按钮 ▦ 和"download"按钮 ▦，前者是全编译源码，后者是下载程序。首先应单击"rebuild"按钮将代码全部重新编译一次，然后单击"download"按钮下载程序到主控板上。软件底部的状态栏会给出下载进度，如图 1.1.13 所示。

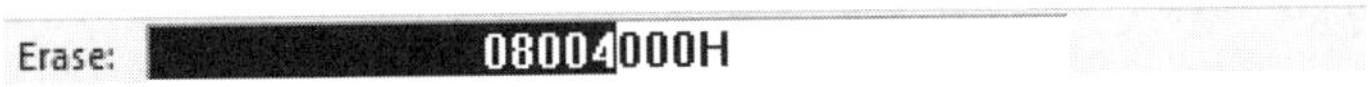

图 1.1.13　下载进度

下载过程包括有 Erase、Programming、Verify 这三个过程，下载完成后会在 Build Output 窗口显示下载完成。Keil 软件的各个版本下载程序操作大致相同，按钮图标并没有太大的变化，如图 1.1.14 所示。

图 1.1.14　Keil 编译输出窗口

IAR 的开发工具在 8.0 以后的版本对界面做了比较大的改变，这里以 8.30.1 的版本为例。IAR 开发工具的工具栏比较精简，在工具栏中可以找到编译和下载按钮。

常用的按钮是"Make"按钮 ● 和"Download and Debug"按钮 ●。

"Make"按钮的功能跟 Keil 中的 Rebuild 一样，都是生成最终可以下载的文件。单击"Download and Debug"按钮之后，如果没有"Make"的程序，将会执行一次"Make"操作。"Download and Debug"的作用就是下载程序到主控板上，并且进入仿真界面。如果不需要仿真，可以在工具栏中单击"关闭"按钮 ⊗ 终止仿真，下载程序之后按下复位键，程序即可运行。

（2）串口屏程序烧录

串口屏的开发使用的是厂家提供的开发软件 USART HMI，需要用到综合实验例程里后缀名为 .HMI 的文件。软件的工具栏如图 1.1.15 所示，在其中可以找到"编译"按钮。

单击"编译"按钮，若没有错误，则可以在输出窗口看到编译成功字样。执行"文件"→"编译文件夹"命令（图 1.1.16），打开编译文件夹，将其中的 .tft 文件复制到 Micro SD Card 内。

图 1.1.15　串口开发软件的工具栏

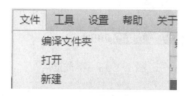

图 1.1.16　编译文件夹

将 Micro SD Card 放入串口屏背面的接口，然后将串口屏重新上电就可以烧录程序。串口屏的程序烧录速度比较慢，需要等待几分钟。烧录完成之后，需要把 Micro SD Card 拔掉再重新上电。若没有 Micro SD Card，则可以使用 USB 转串口线将串口屏连接到电脑端，然后单击开发软件页面的"下载"按钮，设置好串口号和波特率之后便可下载。使用串口下载的速度比使用 Micro SD Card 下载的速度慢，并没有太大的意义，建议使用 Micro SD Card 下载。串口屏开发软件主界面如图 1.1.17 所示。

图 1.1.17　串口屏开发软件主界面

（3）使用 STM32 ST-Link Utility 下载 HEX 文件

STM32 ST-Link Utility 是由 ST 推出给 STM32 下载 Hex 文件使用的软件。在使用 Keil 或 IAR 开发工具编译程序时可选生成 Hex 文件，编译之后，可以在工程文件夹里面找到所需要的 Hex 文件。其工具栏如图 1.1.18 所示。

图 1.1.18　Utility 工具栏

明确 Hex 文件所在路径之后，打开 Utility 软件，单击工具栏中的 "Connect to the Target" 按钮，连接目标板；连接成功之后，读取芯片 Flash 的内容；单击 "Program verify" 按钮选择编译生成的 Hex 文件；最后，单击 "Start" 按钮即可开始烧录程序。

除了 Hex 文件之外，软件还可以支持多种二进制文件，如 *.bin、*.srec、*.s19 等格式。这种方法在不想公开源码时可以使用，此时只需要编译生成的最终文件即可完成下载。产品固件更新时也常用这些文件来烧录。烧录界面如图 1.1.19 所示。

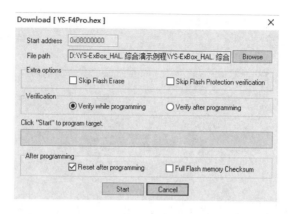

图 1.1.19　烧录界面

YS-ExBox 配有一个综合实验例程,用于演示各个电机的正常工作状态,同时可以用来测试实验箱各项功能是否能够正常运作。将程序烧录进去之后,可以按照以下说明操作使用综合实验例程。

2. 综合例程

串口屏上的文本控件使用字体颜色来区分可控和只读。

步进电机:黄色字体,按下可以实现不同的功能。

YS-ExBox:青色字体,只读的文本,用于显示一些信息,可以是主控板传输的数据,也可以是一些固定的字符。

0:绿色字体,可以被修改的参数,通过在屏幕上单击,会弹出数字键盘修改数字。

硬石科技:黑色字体,与青色字体功能一致。

电机控制实验箱上电之后进入主菜单界面(图 1.1.20)。主菜单界面包括多个电机控制选项,单击右边的 Logo 可以设置屏幕亮度。

单击不同的电机控制选项,可以进入对应的电机控制界面。主要功能包括步进电机的速度定位控制、编码器的闭环控制(步进电机)、舵机的角度控制、有刷直流电机的速度控制、无刷直流电机(BLDC)的速度控制、永磁同步电机(PMSM)的速度控制。单击"重启复位"按钮可以使主控芯片软复位,在出现异常故障的时候可以使用。"实验选项"按钮则供独立实验使用,详细的使用方法会在后面章节介绍。

第1章 电机控制技术基础

图 1.1.20　开机主菜单界面

(1) 步进电机

在主菜单界面单击"步进电机",可以进入步进电机线性速度控制界面,如图 1.1.21 所示。界面左下角显示"LSC"(线性速度控制)字样;上面是丝杆的实时定位图,在丝杆滑台移动时可以跟随滑台做出相应的移动;丝杆下方的三个限位开关同样会跟随实际的开关状态而改变,中间会显示滑块的实际坐标,这些都需要在确定原点位置之后才会有更新显示。中间部分是梯形加减速的速度-时间(ω-t)示意图和控制参数的设置,图片用于了解参数的实际意义,单击右边的绿色字体的文本控件即可弹出数字键盘设置加速度等参数,设置好之后可以单击右下方两个按钮使电机转动。

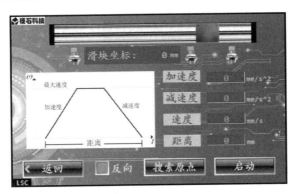

图 1.1.21　步进电机线性速度控制界面

在主控板上传一些初始的参数之后,可以看到串口屏上的加速度、减速度、速度、距离都是有数值的,这些数值都是经过试验得到的比较稳定的参数，此时可以直接单击"搜索原点"按钮，待电机停止转动之后，单击"正常运行"按钮可以看到电机按照所设置的参数转动。

搜索原点：电机按照固定的加速度、减速度、回归速度和爬行速度搜索原点位置，无论滑块在丝杆上哪个位置，都可以使用这个功能回归原点，原点位于中间的限位开关的右侧。在电机搜索到原点之后主控板才会发送滑块位置和限位开关的状态到串口屏，滑块移动方向默认是往电机方向移动。

启动：电机按照串口屏上设置好的加速度、减速度、速度和距离移动滑块，若碰到丝杆限位开关，则立刻停止。

返回：返回，单击之后返回到上一个界面。

加速度：参数清零，单击之后会将对应的参数设置为0。

反向：方向控制，若勾选则设置电机的方向为默认方向的反向。

0：参数设置，用于控制步进电机的各项参数。单击之后会弹出一个数字键盘（图1.1.22），输入数字，然后单击"OK"键确认。若不需要，则单击右上角的"×"关闭键盘。

图 1.1.22　数字键盘

（2）编码器

在主菜单界面单击"编码器"按钮，可以进入编码器的速度闭环控制界面（图 1.1.23），这里用到的电机是 57 步进电机，也就是用丝杆来做实验。右下方是参数设置区域，其中左边是位置环的 PID ［proportional（比例），integral（积分），differential（微分）］参数和目标值；右边是速度环的 PID 参数和目标值；右上方是速度-位置双 Y 轴曲线图，总共显示四条曲线，分别是"位置环目标值""速度环目标值""实际位置值""实际速度值"；左上方是实际运行时的位置和速度的数值。

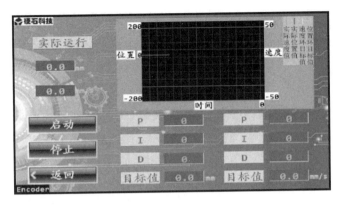

图 1.1.23　编码器界面

在进入这个界面的时候同样会上传一些预设好的参数，可以直接单击"启动"按钮使电机转动，电机转动到一定位置之后就会停止。

▇▇▇：单击之后弹出数字键盘，用于设置转动的 PID 参数和目标值。

▇启动▇：电机按照所设置的 PID 参数和目标值转动。

▇停止▇：强制停止电机转动。

▇返回▇：单击之后返回到上一个界面。

电机转动的时候，左上方会显示出实际运行的位置和速度，转动过程中可以单击"停止"按钮来停止电机转动。

由于曲线图控件本身的显示限制，曲线图仅用于演示速度和位置在不同 PID 参数下的变化趋势，并不能用于定量分析速度和位置数值等各项数据。由于曲线图的显示数据有限，超过一定范围就不能正确显示，不能满足电机位置等数据的大范围变化。

（3）舵机

在主菜单界面单击"舵机"按钮，可以进入舵机的角度控制界面，如图 1.1.24 所示。右边是参数区，可以设置角度和持续时间，表示舵机转动到这个角度值并保持这个角度的时间。设置参数之后，勾选序号前面的复选框，再单击"运行"按钮，则舵机会按照预定角度转动。若勾选"循环"复选框，则舵机将按照序号循环转动，此时左边的指针会跟随舵机转动。同时，也可以使用左上方的滑块来修改角度。

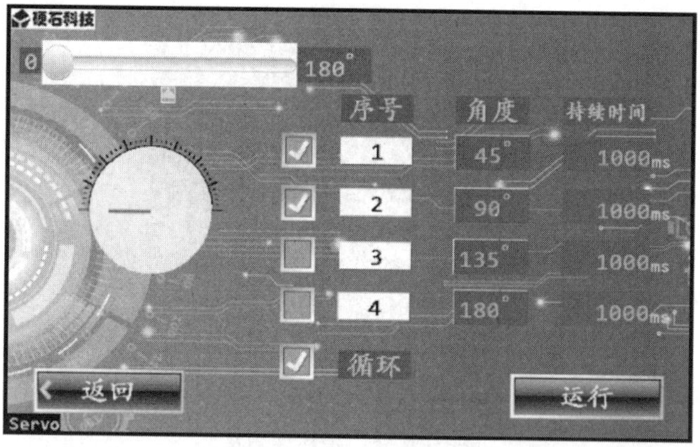

图 1.1.24　舵机界面

角度滑块（图 1.1.25）可以拖动，左边的数字是最小值，右边的数字显示当前滑块所在的位置。这个界面的数字由串口屏预设。单击"运行"按钮之后，串口屏每隔一定的时间发送一条数据到主控板。串口屏的定时器可以定时的最短时间间隔是 50 ms，所以持续时间不能低于 50 ms，低于 50 ms 的数值都是无效的。

图 1.1.25　角度滑块

（4）有刷直流电机

在主菜单界面选择有刷直流电机，可以进入速度控制界面，如图 1.1.26 所示。进入该界面后会对电机电流进行校准，这个过程需要 1~2 s，当右下方的电流显示为接近于 0 mA 时，校准完成，此时才可以对电机进行操作。左上方是电机速度测量，右上方是电源总线电压测量，右下方则是电机电流测量。

拖动滑块可以调节电机速度，单击"启动"按钮可以使电机按照设定的转速转动，也可以单击绿色的字体使用键盘直接设置速度值。直接设置的速度值需要单击上方的刷新箭头按钮才能更新到控制板上。

50：用于设置电机转速，初始值为 50 r/min。

：刷新按钮，可以使用滑块来设置速度，也可以使用刷新按钮来使设置的速度值生效。

启动：启动或者停止电机转动。

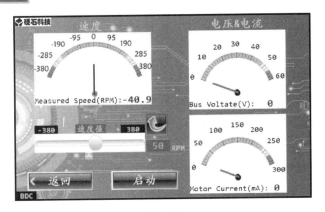

图 1.1.26 有刷直流电机速度控制界面

速度滑块（图 1.1.27）用于实时改变电机速度值，左边是反向，右边是正向，负数表示反向速度。

图 1.1.27 速度滑块

（5）BLDC 和 PMSM

BLDC 和 PMSM 的控制界面与有刷直流类似，如图 1.1.28 所示，不过不需要校准电流，可以直接单击"启动"按钮。

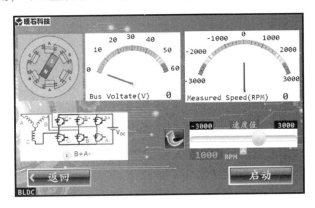

图 1.1.28 无刷直流电机界面

界面的左边两个图片是动态图,可以在电机转动的时候演示转子转动的角度位置和各项绕组的通电方式;中间和右边则是总线电压和电机速度显示。

3. 操作注意事项

① 通电顺序:先按下紧急开关,确保电机部分断开电源,然后检查各部分有没有短路,在一切良好的情况下才能按下电源开关。设置好电压值和电流值之后,才可以打开紧急开关。紧急开关按下就是断开,往箭头方向旋转会自动弹起闭合。一般情况下电压设置为 24 V,电流设置为 1.5~2.5 A 即可。

② 切忌在实验中带电连接线路,正确的方法是断电之后连线,然后进行实验。

③ 如果有需要连接电源的地方,务必分清楚电源正负极性,否则会造成严重后果。实验操作时必须注意安全,防止出现短路。

④ 使用仿真器对开发板仿真时需注意:在进入断点时,主控制定时器还是会继续工作,这样会导致一直输出脉冲到控制板,严重的会导致驱动板上下桥臂直通短路进而烧毁 MOS 管,所以需要在调试断点时关闭定时器时钟,使定时器完全停止。具体方法是在程序中的 main 函数里面于设置断点之前调用以下宏(图 1.1.29)。

```
01  __HAL_DBGMCU_FREEZE_TIM8()
02  __HAL_DBGMCU_FREEZE_TIM1()
```

图 1.1.29 Debug 时冻结定时器

这里以 TIM8 为主输出定时器为例,而实际上使用的可能是 TIM1 或者其他定时器,可以将 TIM8 替换成相应的定时器。

⑤ 避免直接接触电路元件,防止静电击穿元件,并且不要轻易用手去触碰机械转动部分。

⑥ 在实验箱内部已经将稳压电源的输出连接到各个电路板的电源输入,所以对于主控板不需要使用其他的电源输入。主控板 YS-F4Pro 无须使用 DC 圆孔插座提供电源。

⑦ 如果串口屏的电流不够,会导致串口屏频繁重启,这个时候可以使用 USB 线连接板载的"调试串口"接口,使用外部 5 V 电源增加电流驱动能力。

1.2 电机控制基础知识准备

1. 脉冲宽度调制

脉冲宽度调制（pulse width modulation），简称脉宽调制或 PWM。方波高电平时间跟周期的比例称占空比。在电路输出频率不变的情况下调整输出方波脉冲的脉宽，可以达到调整平均电压的目的，见式（1.2.1）。

$$V_d = V_{max} \times \frac{t}{T} \times 100\% \tag{1.2.1}$$

式中，V_d 为平均电压，V_{max} 为最大电压，t 为有效电平的宽度，T 为脉冲周期。

注意 这里的 t 一般是指有效电平的宽度。当研究对象是低电平时，这里的 t 指低电平的宽度。

2. 互补输出

STM32 的高级定时器具有 3 组互补通道。每一组有 2 个输出通道，可以输出频率相同、极性相反的 PWM 脉冲波形，这是互补输出模式。互补通道常用于控制 H 全桥/半桥电路的一组桥臂上下两个 MOS 管。因为 MOS 管的开启和关断需要一定的时间且时间并不一致，输出端可能存在上下桥臂同时导通的情况，所以要求互补通道不能同时出现高电平，这就需要在互补通道上插入死区时间。死区时间就是在互补输出通道上的上升沿或下降沿插入一段延迟时间，使得互补通道高低电平之间的变化错开一点时间，这样 MOS 管就不会出现同时导通的情况。

高级定时器的互补通道可以选择关闭状态的电平，也就是使能主输出功能，但是关闭了某一个通道的输出之后，该通道的电平为预先设置的电平极性。

3. 输出可调频脉冲

STM32 的定时器有两种常用的输出脉冲方式。

一种是工作在 PWM 模式，输出可调占空比的脉冲方波。如图 1.2.1 所示，在定时器的计数器（CNT）计数过程中，与比较器（CCR）比较，以确定是 CNT≤CCR 还是 CNT≥CCR。若 CNT≤CCR，则输出高电平（或低电平）；

若 CNT≥CCR，则输出低电平（或高电平），相等的时刻就是电平翻转。只要修改 CCR 的值就可以修改脉冲占空比，而输出的脉冲频率一般是固定的频率。实际输出的高低电平变化具体还需要看代码的设置。

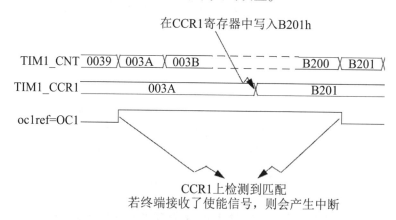

图 1.2.1　定时器比较翻转输出

另一种是输出可调频率的脉冲，就是使用定时器输出比较翻转模式。在定时器的计数器（CNT）计数过程中，与比较器（CCR）进行比较，当 CNT=CCR 时，翻转输出电平，并进入中断，读取 CNT 的数值 m，将 $m+n$ 赋值给 CCR，其中 n 就是决定脉宽的变量。下次翻转电平进入中断时就是 CNT 计数到 $m+n$ 的时候，距离上一次中断相隔了 n 个单位。这样就可以得到以 n 为脉宽的方波脉冲。需要修改频率时只需要修改 n 的值即可。这种方法常用于步进电机速度控制和计数。

4. 数字电子基础知识

高电平：与低电平相对的高电压，一般记为 1，低电平记为 0。根据逻辑电平的不同，高电平的电压范围也是不一样的。

双晶体管逻辑集成电路（TTL）高电平为 3.6~5 V，低电平为 0~2.4 V。

CMOS 电平：CMOS 电路输出高电平约为 $0.9V_{CC}$，而输出低电平约为 $0.1V_{CC}$，CMOS 电平 V_{CC} 可达到 12 V。

STM32 主控芯片所有 I/O 均兼容 CMOS 和 TTL 电平，后面默认高电平就是 3.3 V，低电平就是 0 V。

开漏输出：一般指不能输出高电平。开漏输出引脚可以有两种状态，一种是低电平，另一种是高阻态。高阻态的时候可以认为引脚是浮空的，不具备电流输出能力。使用开漏输出的电路一般需要上拉电阻或者光偶才能正常使用。

开漏输出的引脚呈现高阻态时，使用示波器或者逻辑分析仪是不能检测到波形的。

推挽输出：一般指可以输出高电平，推挽输出的 I/O 有两种状态，与开漏输出不同，推挽输出可以输出高电平与低电平，具备电流输出能力。

5. 电机堵转电流

YS-ExBox 电机控制实验箱使用可靠的可调稳压电源，可以输出 0~5 A，0~30 V 的直流电，能较好地保证大部分电子设备长时间地稳定工作。但是在电机启动的一瞬间，电流峰值可以达到堵转电流的大小，这就是电机的启动电流。启动电流在数值大小上等于堵转电流，少则 1~2 A，多则 3~5 A，具体数值由电机厂家决定，之后电流开始恢复正常运转时的数值。所以在电机正常运行时可以看到电流变化只有几百毫安，但电源设置这个电流值的时候却无法启动，这是因为启动瞬间电流不能满足启动电流的大小，电机就不能正常转动。电机如果长时间处于堵转状态，电流过大会导致绕组发热，严重的会烧毁电机，造成重大事故。在操作电机实验时务必要注意电机电流、电压的情况。

第 2 章　MDK5 使用

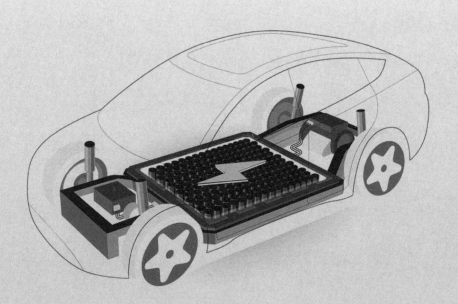

2.1 MDK5 简介

MDK 源自德国的 Keil 公司，是 RealView MDK 的简称。在全球 MDK 被超过 10 万的嵌入式开发工程师使用。MDK4.14 版本软件使用 μVision 5 IDE 集成开发环境，是目前针对 ARM 处理器，尤其是 Cortex M 内核处理器的最佳开发工具。MDK5 向后兼容 MDK4 和 MDK3 等，以前的项目同样可以在 MDK5 上进行开发（但需自行添加头文件）。MDK5 同时加强了针对 Cortex M 微控制器开发的支持，并且对传统的开发模式和界面进行升级。MDK5 由两个部分组成，即 MDK Core 和 Software Packs（图 2.1.1）。其中，Software Packs 可以独立于工具链进行新芯片支持和中间库升级。

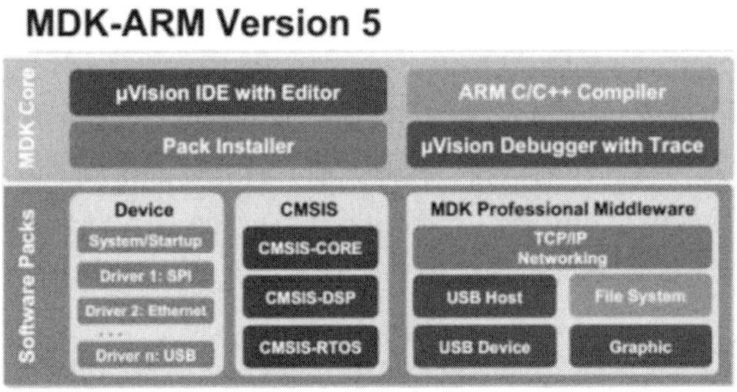

图 2.1.1　MDK5 组成

MDK Core 又分成四个部分：μVision IDE with Editor（编辑器），ARM C/C++ Compiler（编译器），Pack Installer（包安装器），μVision Debugger with Trace（调试跟踪器）。μVision IDE 从 MDK4.7 版本开始就加入了代码提示功能和语法动态检测等实用功能，相较于以往的 IDE 改进很大。

Pack Installer 又分为 Device（芯片支持），CMSIS（ARM Cortex 微控制器软件接口标准）和 Middleware（中间库）三个小部分。通过包安装器，我们可以安装最新的组件，从而支持新的器件、提供新的设备驱动库及最新例程等，加速产品开发进度。

以往的 MDK 把所有组件都包含到了一个安装包里面，显得十分"笨重"，MDK5 则不一样。MDK Core 是一个独立的安装包，它并不包含器件支持和设备驱动等组件，但是一般都会包括 CMS1S 组件，大小在 350 MB 左右，相对于 MDK4.70A，"瘦身"不少。MDK5 安装包可以在 http：∥www.keil.com/demo/eval/arm.htm 下载。而器件支持、设备驱动、CMSIS 等组件，则可以单击 MDK5 的 Build Toolbar 的最后一个图标调出 Pack Installer，来进行各种组件的安装，也可以在 http：∥www.keil.com/dd2/pack 下载，然后进行安装。

在 MDK5 安装完成后，要让 MDK5 支持 STM32F4 的开发，还需要安装 STM32F4 的器件支持包：Keil.STM32F4xx_DFP.1.0.4.pack（STM32F4 的器件包）及 MDK4.14 安装软件。

2.2　新建基于固件库的 MDK5 工程模板

前面的章节介绍了 STM32 官方库包的一些知识，本节将着重讲解建立基于固件库的工程模板的详细步骤。在此之前，首先要准备如下资料：

① V3.5 固件库包 STM32F40x_StdPeriph_Lib_V3.4.0，这是 ST 官网下载的固件库完整版。

② MDK5 开发环境。

接下来将详细介绍新建一个基于 V3.5 版本固件库的 STM32F4 工程模板。具体操作步骤如下：

① 在建立工程之前，我们建议用户在计算机的某个目录下面建立一个文件夹，后面所建立的工程都可以放在这个文件夹里。这里我们建立一个文件夹为 Template。

② 单击 MDK 的菜单 Project→New μVision Project，然后将目录定位到文件夹 Template 之下，再在这个目录下面建立子文件夹 USER（代码工程文件一般放在 USER 目录下，也可以新建"Project"目录放在下面），然后定位到 USER 目录下面，工程文件就都保存到 USER 文件夹下面了。新建工程并命名为 Template，单击"保存"按钮，如图 2.2.1 和图 2.2.2 所示。

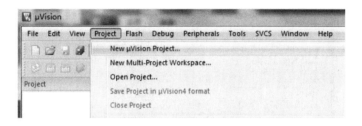

图 2.2.1　新建工程

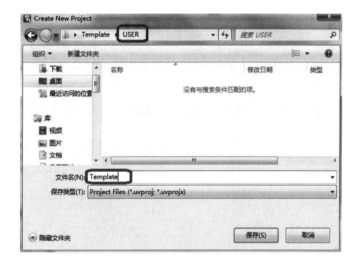

图 2.2.2　定义工程名称

接下来会出现一个选择芯片型号的界面（图 2.2.3），因为板卡 STM32F407 所使用的 STM32 型号为 STM32F407IGT6，所以在这里选择 STMicroelectronics→STM32Fl Series→STM32F407→STM32F407IG→STM32F407IGTx。

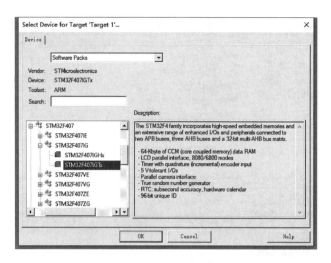

图 2.2.3　选择芯片型号

③ 单击"OK"按钮，MDK 会弹出"Manage Run-Time Environment"对话框，如图 2.2.4 所示。

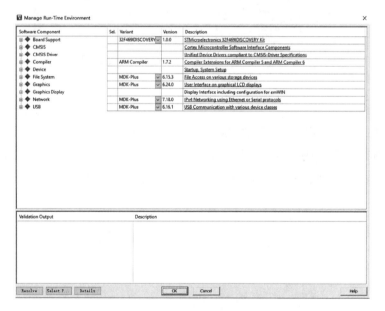

图 2.2.4　"Manage Run-Time Environment"对话框

这是 MDK5 新增的一个功能，在这个界面，我们可以添加个人所需的组件，从而方便构建开发环境。此处，我们直接单击"Cancel"按钮，得到如图 2.2.5 所示界面。

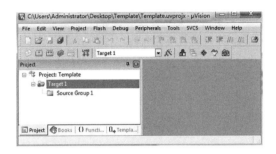

图 2.2.5 工程建立

到这里，我们还只是建了一个框架，还需要添加启动代码，以及.c 文件等。

当前 USER 目录下面包含 2 个文件夹和 2 个文件，如图 2.2.6 所示。

图 2.2.6 工程 USER 目录下文件

第 3 章 STM32 电机控制实验（基础驱动）

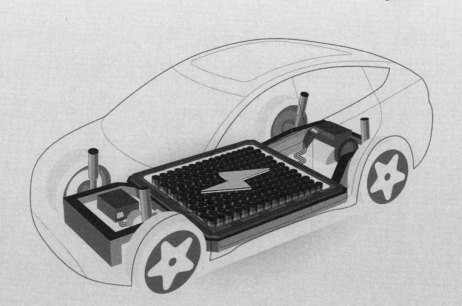

3.1 串口屏通信实验

3.1.1 实验目的

① 掌握串口屏通信方式、通信协议；
② 掌握 LED 和蜂鸣器的驱动原理和方式；
③ 掌握 I/O 控制方法。

3.1.2 实验器材

① YS-ExBox 电机控制实验箱；
② YS-F4Pro 工业 & 运动控制开发板；
③ HMI 串口屏；
④ 数字万用表/示波器；
⑤ ST-Link/v2 仿真器。

3.1.3 实验原理

（1）LED 发光二极管

LED 和蜂鸣器的驱动方式都是比较简单的。LED 是发光二极管，由镓（Ga）、砷（As）、磷（P）、氮（N）等物质制成，使用不同的材料可以发出不同颜色的光。LED 的正向伏安特性曲线很陡，使用时必须串联限流电阻以控制通过二极管的电流。限流电阻 R 的计算公式如下：

$$R = \frac{(E - U_f)}{I_f} \tag{3.1.1}$$

式中，E 为电源电压，U_f 为 LED 的正向压降，I_f 为 LED 的正常工作电流。一般大部分 LED 都可以在 5~20 mA 范围内发光，电流越大，亮度越大。不同的 LED 需要的工作电流范围有所不同。

板载 LED 原理图如图 3.1.1 所示，LED 的负极端接入 GND，正极端分别接到主控芯片的引脚 PH9、PE5、PE6 上，这是共阴极接法。若反过来，正极接到电源，负极则分别接到控制端，这是共阳极接法。图 3.1.1 中每一个 LED 都使用 510 Ω 的电阻作为限流电阻，STM32 的引脚输出电压是 3.3 V。根据原理图只需要控制引脚输出高电平即可使得 LED 发光。

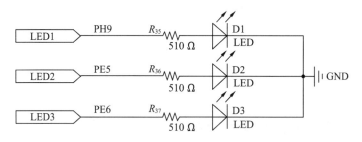

图 3.1.1　板载 LED 原理图

（2）蜂鸣器

蜂鸣器是由震动装置和谐振装置组成，分为无源蜂鸣器和有源蜂鸣器。无源蜂鸣器需要有一定的频率脉冲才能发出声音，有源蜂鸣器则只需要通电即可发出声音。主控板使用的蜂鸣器是有源蜂鸣器，只需有直流电源就可以发出声音。

蜂鸣器原理图如图 3.1.2 所示。

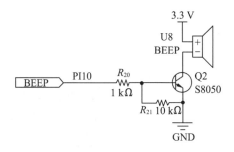

图 3.1.2　蜂鸣器原理图

三极管 S8050 为蜂鸣器的驱动控制装置，工作在截止区和饱和区。当控制引脚 PI10 输出高电平时，三极管导通，蜂鸣器两端有 3.3 V 的压降，立即发出声音；当控制引脚 PI10 输出低电平时，三极管关断，蜂鸣器两端没有压降，不会发出声音。

（3）按键输入

按键只有两种状态（导通和断开），可以选择 0 和 1 两种。按下就是导通，抬起就是断开。开发板的按键原理及波形如图 3.1.3 所示。按键连接 I/O 的一端接了 4.7 kΩ 的上拉电阻,在按键抬起时是 3.3 V 高电平,按下之后就是低电平。按键在按下和弹开的瞬间都有抖动过程。抖动会引起多次触发信号,所以按键必须要有消抖的处理。硬件上可以在按键并联一个 104 电容或者使用专门的按键检测电路,在软件上则可以使用延时、定时扫描等方法避免受抖动的影响。

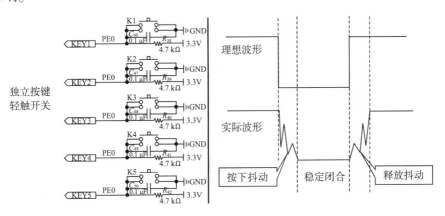

图 3.1.3　开发板的按键原理及波形

（4）串口屏通信协议

串口 HMI（human machine interface）在设备封装好 HMI 的底层功能以后,通过串口（UART）与 MCU 进行交互通信。

串口屏自带主控芯片,需要预先在 PC 端编程而无须由 MCU 来页面编程。串口屏采用面向对象编程,界面由多个控件组成,可添加图片、文本、按钮等。单击控件可以触发事件,通过编辑事件内容和控件属性可决定串口屏的功能。

串口屏与 MCU 通信并没有固定的协议,为了方便 MCU 编程,定义了一个通信协议。串口屏与 MCU 的通信协议见表 3.1.1 所示。

表 3.1.1　串口屏与 MCU 的通信协议

帧头（Byte）	页码 ID（Byte）	控件 ID（Byte）	数据（1~4 Bytes）	帧尾（5 Bytes）
0xF1	HEX	HEX	HEX	0xFF、0xFF、0x00、0xFF、0xFF

页码:数值范围可以是 00~FF,当前液晶所在页面的 ID。

控件 ID:数值范围可以是 00~FF,当前页面的控件 ID。

数据：HMI 的数字变量占用 4 字节的空间，发送的时候以低位字节在前、高位字节在后发送；HMI 发送浮点型数字的时候，是将浮点型数据放大 10 倍，然后以整型数据发送。

例如：发送整型数字 32009999（0x01E86F0F）：F1　01　01　0F　6F　E8　01　FF　FF　00　FF　FF；发送浮点型数字 42.9 ［429（0x01AD）］：F1　02　01　AD　01　00　00　FF　FF　00　FF　FF。

① 由串口屏发送数据到 MCU。

串口屏发送数据协议格式如图 3.1.4 所示。

```
// 按确定键
printh F1                // 起始字符0xF1
prints dp,1              // 当前页面的ID,长度为1个字节
prints 6,1               // 所单击的控件ID,长度为1个字节
printh FF FF 00 FF FF    // 结束符号
```

图 3.1.4　串口屏发送数据协议格式

这是不带参数的指令格式。先是一个字节的起始符号 0xF1；然后是一个字节的页面 ID；再是一个字节的控件 ID，每一个页面的控件都有一个唯一的 ID 号，但是不同页面之间的控件 ID 却可以相同，所以通过页面 ID 和控件 ID 就可以确定具体是哪一个控件；最后是 5 个字节的结束符号，可以使出错的概率降低。若是带有参数的数据指令格式，则数据参数在控件 ID 之后，结束符之前，占用 4 个字节的长度（图 3.1.5）。

```
printh F1                // 起始字符0xF1
prints dp,1              // 当前页面的ID,长度为1个字节
prints 29,1//            // 所单击的控件ID,长度为1个字节
print numSpdD.val        // 速度值,整型数据,4个字节
printh FF FF 00 FF FF    // 结束符
```

图 3.1.5　带参数的数据协议格式

每次只发送 4 个字节的数据，刚好可以是一个 32 位的整型数据。串口屏不支持浮点功能，一般使用浮点数据都是使用字符串来代替或者将浮点型数据放大之后取整数部分。

MCU 端则采用一个结构体变量来保存串口屏发送过来的数据，这个结构体的成员包括 PageID、ObjID、Param（图 3.1.6）。其中，PageID 就是页码 ID，对应串口屏当前显示页面的 ID；ObjID 是被按下的控件的 ID；Param 是发送过来的数据，是一个共用体变量，可以根据实际情况选择使用整型数据还是 4 个字节的字符型数据。

```
01      uint8_t Char[4];
02      int32_t Init;
03 } Format_Typedef;
04
05 typedef struct {
06      uint8_t PageID;              // 页面 ID
07      uint8_t ObjID;               // 控件 ID
08      Format_Typedef Param;        // 32bit
09 } Protocol_Typedef;
```

图 3.1.6 代码

一般情况下，串口要显示的功能都会在预先编程的时候实现，MCU 不需要参与串口屏的页面编程工作。

② MCU 发送数据到串口屏。

串口屏接收指令结束符为 "0xFF, 0xFF, 0xFF" 3 字节，所有的指令名及参数全部使用 ASCII 字符串格式，并且使用小写字母。

所以 MCU 发送数据到串口屏时使用的是字符串格式 3 个 16 进制的结束符。例如："b0.val=1" 和 0xFF 0xFF 0xFF 就是将 b0 这个数值型控件的值设置为 1；"t0.txt=abc" 和 0xFF 0xFF 0xFF 就是将 t0 这个文本型控件的值设置为 "abc"。

（5）软件实现

① GPIO 结构。

I/O 端口需要输出高低电平来控制 LED 和蜂鸣器，所以这里只用到 GPIO 的推挽输出模式。STM32 的 I/O 端口结构推挽输出流程如图 3.1.7 所示。

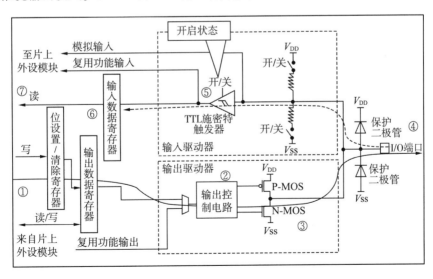

图 3.1.7 STM32 的 I/O 端口结构推挽输出流程图

图 3.1.7 中，①到④是输出通道，当输出信号为 1 时，P-MOS 管导通，N-MOS 管关断，最后 I/O 端口输出高电平；当输出信号为 0 时，MOS 管状态正好相反，输出低电平。

④到⑥则是输入通道，读取输入数据寄存器可获取 I/O 状态。输入通道可选上拉输入或者下拉输入，两个都不接就是浮空输入。无论浮空输入还是上拉（下拉）输入，经过 TTL 施密特触发器之后都只有高低电平两种状态。施密特触发器是一种波形整型电路，任何波形的信号进入电路时，将产生 0、1 信号输出到寄存器。

在编程时可以使用 HAL 库函数来实现对硬件的操作。HAL 是由 ST 提供的应用程序编程接口，且为预先定义的函数，目的是使应用程序与开发人员基于某软件或硬件访问一组编程，而无须访问硬件底层或理解内部工作机制的细节。

在使用库函数编程的过程中，并不需要知道库函数内部是怎样实现的，但需要知道这个库函数实现的内容。在使用 HAL 库编程控制 I/O 端口时会用到这个函数，如图 3.1.8 所示。

```
01 void HAL_GPIO_WritePin (GPIO_TypeDef *GPIOx, uint16_t GPIO_Pin, GPIO_PinState PinState)
```

图 3.1.8 GPIO 端口函数

该函数的作用就是设置或清除所选择的端口位，并将所选择的 I/O 端口置 1 或者置 0。例如：HAL_GPIO_WritePin（GPIOH, GPIO_PIN_9, GPIO_PIN_SET），就是控制 PH9 输出高电平，最后一个参数若使用 GPIO_PIN_RESET，则输出低电平。

程序在初始化的时候就要将 I/O 端口配置成推挽输出模式，配置过程如下：

首先定义一个 GPIO 的结构体类型变量（图 3.1.9），其次配置这个变量的 Pin 号（这里使用宏 LED1_GPIO_PIN 来代替），GPIO_MODE_OUTPUT_PP 就是推挽输出模式，复用功能设置为 0，不复用为外设功能。最后调用 HAL_GPIO_Init () 函数将 LED1 所对应的 GPIO 端口的 bit 初始化成推挽输出模式，然后就可以使用 HAL_GPIO_WritePin () 函数将 I/O 置 1 或者清 0。当然在初始化之前还需要使能对应 GPIO 的时钟，每一个外设都有一个对应的时钟，可以使用 HAL 库的宏定义函数 HAL_RCC_GPIOH_CLK_ENABLE () 来使能引脚对应的 GPIO 时钟。

```
01 /* 定义初始化 IO 硬件初始化结构体变量 */
02 GPIO_InitTypeDef GPIO_InitStruct;
03 GPIO_InitStruct.Pin     = LED1_GPIO_PIN;
04 GPIO_InitStruct.Mode    = GPIO_MODE_OUTPUT_PP;
05 GPIO_InitStruct.Speed   = GPIO_SPEED_FREQ_HIGH;
```

图 3.1.9　GPIO 初始化代码

若是串口通信引脚，则需要将 GPIO_MODE 配置为复用模式，并且复用到对应的串口上。

② HMI 串口通信。

串口数据的接收则使用中断的形式来处理。当 MCU 接收到一个字节的数据之后就触发中断，然后在中断中解析数据帧，提取有用的数据，暂存在 Frame 结构体变量中，如图 3.1.10 所示。

```
01 if(Frame.PageID == PAGE_Ex_LEDBEEP) {
02     switch (Frame.ObjID)
03         case LBP_btnLED1:
04             LED1_ON or LED1_OFF;
05         case LBP_btnLED2:
06             LED2_ON or LED2_OFF;
07         case LBP_btnLED3:
08             LED3_ON or LED3_OFF;
09         /* 对应串口屏上的 btnBEEP */
10         case LBP_btnBEEP:
11             BEEP_ON or BEEP_OFF;
12         case LBP_btnBACK:
13             LEDx_StateSet( LED1|LED2|LED3 ,LED_OFF);// all OFF
14 }
```

图 3.1.10　main 函数主循环伪代码实现

LBP_btnLED1 这些 case 分支就是串口屏上的控件 ID。main 函数主循环则循环扫描是否接收到来自串口屏的信息。如果接收到一帧数据，就使用一个 switch 语句来判断哪一个控件被按下，然后控制 LED 的亮灭和蜂鸣器的通断。主要代码流程图如图 3.1.11 所示。

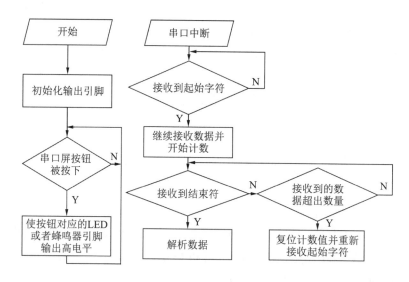

图 3.1.11　主要代码流程图

3.1.4　实验内容

① 点亮三个 LED 灯。

② 驱动蜂鸣器。

3.1.5　实验步骤

① 将 HMI 串口屏的连接线接到 YS-F4Pro 的接口上。

② 将实验 3.1 例程烧录到 YS-F4Pro 开发板上。

③ 在 HMI 串口屏上按以下顺序操作进入 Led&Beep 控制界面（图 3.1.12）："实验选项"→"Led&Beep"。

图 3.1.12　Led&Beep 控制界面

④ 单击屏幕上的灯泡和喇叭形状的按钮，点亮板上的 LED 和蜂鸣器。

⑤ 使用万用表或示波器测量导通时 LED 和限流电阻两端的电压。

3.1.6　实验报告要求

① 计算导通时 LED 的实际电流。思考：如果电压是 24 V，应如何选择 LED 的限流电阻的阻值？

② 思考：如何改变 LED 的亮度？

3.2　有刷直流电机驱动实验

3.2.1　实验目的

① 掌握 STM32 定时器 PWM 模式；

② 掌控有刷直流电机转动原理；

③ 掌握控制有刷直流电机方式；

④ 掌握使用有刷直流电机驱动板的方法。

3.2.2　实验器材

① YS-ExBox 电机控制实验箱；

② YS-F4Pro 工业 & 运动控制开发板；

③ HMI 串口屏；

④ 有刷直流电机驱动板；

⑤ 有刷直流电机；

⑥ 示波器或者逻辑分析仪。

3.2.3　实验原理

（1）有刷直流电机

有刷直流电机的基本组件都是一样的，包括定子、转子、电刷和换向器，其原理如图 3.2.1 所示。

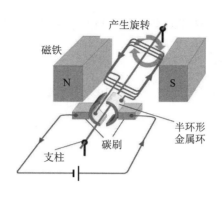

图 3.2.1　有刷直流电机原理图

① 定子会在转子周围产生固定的磁场。磁场可由永磁体或电磁绕组产生，常用的就是永磁体。

② 转子（也称电枢）由一个或多个绕组构成，绕组收到激励时，会产生一个磁场。转子磁场的磁极与定子磁场的相反磁极相吸引，从而使定子旋转。转子绕组中磁场的转换称为换向。

③ 电刷和换向器。在转轴上安装有一个分片式铜套，称为换向器。随着电机的旋转，碳刷会沿着换向器滑动，与换向器的不同分片接触，这些分片与不同的转子绕组连接，当电刷上电时，就会在电机内部产生动态的磁场。

电机转速的公式如下：

$$U = C_e \Phi n + I_a R_a \tag{3.2.1}$$

$$n = \frac{(U - I_a R_a)}{C_e \Phi} \tag{3.2.2}$$

式中，n 为转速；U 为电机端电压；I_a 为电枢电流；R_a 为电机电枢绕组电阻；C_e 为电机常数，与电机结构有关；Φ 为电机气隙磁通。

电机出厂时，C_e 和 Φ 已经是确定的。所以，很多时候通过调节电机电压来达到调速的目的。一般认为有刷直流电机的转速和电压成正比。电磁转矩公式为

$$M = C_m I_a \tag{3.2.3}$$

直流电机的转矩和电流成正比。C_m 是转矩常数，电机出厂时就已经确定了。

（2）速度控制

电机的转速与电机两端的电压成正比，那么只要改变电机电压就可以控制

速度。设电机始终接通电源时,电机速度最大为 V_{max},这时输入 PWM 信号的占空比为

$$D = \frac{t}{T} \times 100\% \qquad (3.2.4)$$

式中,t 为有效电平宽度,T 为脉冲周期。

电机的平均速度为

$$V_d = V_{max} \times D \qquad (3.2.5)$$

改变占空比就可以得到不同的电机速度,这就是 PWM 调速。

占空比由 t 和 T 决定,一般有几种:定宽调频法(t 不变、T 改变)、定频调宽法(t 改变、T 不变)和调宽调频法(t 改变、T 改变)。定频调宽法较为常用。

(3)H 桥驱动电路

控制电机正反转结构较简单的电路是 H 桥驱动电路。如图 3.2.2 所示,当 A、D 闭合,B、C 断开时,电机通电,正常旋转;当 A、D 断开,B、C 闭合时,电机通电方向是反方向的,直流电机反向旋转。这样简单的控制开关状态就可以控制电机的旋转方向。图 3.2.3 中的电路形状类似字母"H",所以又名 H 桥驱动电路,4 个开关所在位置成为桥臂。实际应用中使用的是三极管或 MOS 管来代替开关,从而达到电路可控的效果。

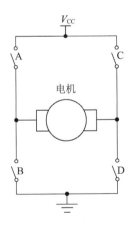

图 3.2.2　电机正反转

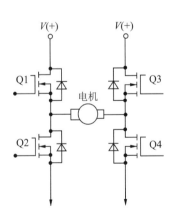

图 3.2.3　H 桥控制电路

H 桥的控制结果见表 3.2.1。

表 3.2.1　H 桥的控制结果

	Q1（CTRL1）	Q2（CTRL2）	Q3（CTRL3）	Q4（CTRL4）
前向	通	断	断	通
后向	断	通	通	断
惯性滑行	断	断	断	断
刹车	断	通	断	通

这里三极管的作用就是开关，跟前面分析是一致的。值得注意的是，同一侧的上下桥臂不能同时导通，如果电路中除了三极管外没有其他任何负载，将导致电源短路，最终导致三极管损坏，致使电路无法正常工作。

（4）有刷直流电机驱动电路

在实际应用中，电机驱动电路是使用 MOS 管来搭建的，并且搭配有专门的驱动 IC。硬石有刷驱动板使用两个半桥驱动芯片 IR2104STRPBF 和 4 个 MOS 管 IRFS3607 来驱动有刷直流电机。IR2104 典型应用电路如图 3.2.4 所示。

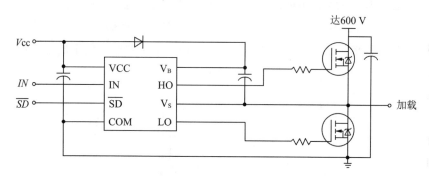

图 3.2.4　IR2104 典型应用电路

芯片的内部方框图如图 3.2.5 所示。控制信号 IN 经过一个"死区发生和防击穿电路"之后分为两路，一路控制 HO，另一路则控制 LO，分别控制一组半桥的两个 MOS 管，而且 LO 输出是与 HO 输出反相的。同时还有 $\overline{SD}$ 信号和电压检测信号，用于控制关断输出。

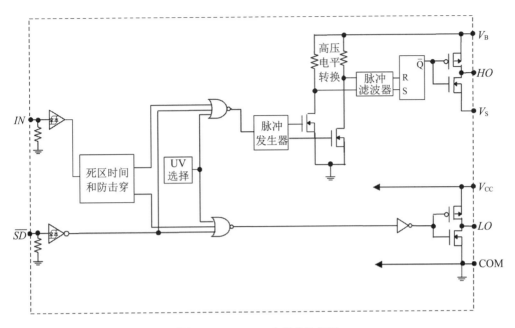

图 3.2.5　IR2104 内部结构框图

V_{BS}（驱动电路 V_B 和 V_S 之间的电压差）给集成高端驱动电路提供电源。该电源电压必须在 10~20 V 之间，以确保驱动集成电路能够完全地驱动 MOS 管。V_{BS} 电源是悬浮电源，附加在 V_S 电压上，由二极管和电容组成自举电源。

当 V_S 被拉到地时，$V_S=0$ V，由 V_{CC} 电源通过自举二极管给自举电容充电，从而给 V_{BS} 提供一个电源；当上桥臂的 MOS 管导通的时候，$V_S=V_D$，V_B 被迫抬升电压，从而使上桥臂 MOS 管完全导通。自举电容只有在高端器件关断，V_S 被拉到地时才被充电，因此低端器件开通时间应足够长，以保证完全充电，从而对低端器件的开通时间有最小要求。这就要求 IN 信号必须是占空比不能是 100% 的方波脉冲。

（5）软件实现

① PWM 输出通道。

驱动芯片 IR2104 的输入输出时序如图 3.2.6 所示。

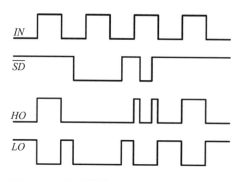

图 3.2.6　驱动芯片 IR2104 的输入输出时序

从时序图可以看到，当 $\overline{SD}$ = 1 时，只需要 IN 输入高电平，就可以控制高端桥臂导通，低端桥臂关断。两个驱动芯片，一个输入 1，另一个输入 0，则电机的通电情况如图 3.2.7 所示，当输入反相时通电情况如图 3.2.8 所示。

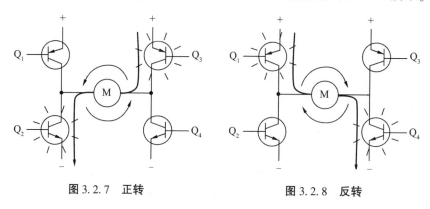

图 3.2.7　正转　　　　　　　　　图 3.2.8　反转

配合电机速度控制需要 PWM 信号，所以需要 STM32 提供 2 个 PWM 输出通道，分别接到驱动芯片的 IN 引脚上。同时还需要使用一个引脚控制 $\overline{SD}$ 为高电平。

PWM 信号需要使用定时器的 PWM 模式。按照接口的定义，使用的 TIM1 的 CH1 和 CH2 作为输出脉冲通道，引脚配置需要配置成复用模式才能使定时器控制 I/O 的电平状态。

在初始化定时器时须注意：PWM 信号是经过一个光耦之后才输入驱动芯片的。光耦的真值表见表 3.2.2。

表 3.2.2　光耦的真值表

输入	使能	输出
H	H	L
L	H	H
H	L	H
L	L	H
H	NC	L
L	NC	H

由真值表就可以看出，输入输出是反相的。若需要使能 H 桥的上桥臂，则需要 PWM 信号输出低电平，这就要求在不输出 PWM 信号时控制信号必须是高电平，这个对控制方式也是有影响的。

定时器的 PWM 通道初始化配置代码截取部分如图 3.2.9 所示。

```
01 /* 刹车和死区时间配置 */
02 sBreakDeadTimeConfig.OffStateRunMode = TIM_OSSR_ENABLE;
03 sBreakDeadTimeConfig.OffStateIDLEMode = TIM_OSSI_DISABLE;
11 /* 定时器比较输出配置 */
12 sConfigOC.OCMode = TIM_OCMODE_PWM1;              // 比较输出模式：PWM1 模式
13 sConfigOC.Pulse = 0;                              // 占空比
14 sConfigOC.OCPolarity = TIM_OCPOLARITY_LOW;        // 输出极性
15 sConfigOC.OCNPolarity = TIM_OCNPOLARITY_LOW;      // 互补通道输出极性
```

图 3.2.9　初始化定时器输出

语句 OffStateRunMode = TIM_OSSR_ENABLE 表示在运行模式下的关闭状态为输出极性；语句 OCPolarity = TIM_OCPOLARITY_LOW 表示配置输出极性为低电平。若在运行状态下关闭通道输出，则输出的电平就是高电平，这样就可以禁止上桥臂的导通。

控制电机旋转方向时（图 3.2.10），只需要使能一边的 PWM 通道，然后关闭另一边的 PWM 通道，输出固定的高电平。

```
01 void SetMotorDir(int16_t Dir)
02 {
03     if (Dir) {
04         HAL_TIM_PWM_Start(&htimx_BDCMOTOR,TIM_CHANNEL_1);
05         HAL_TIMEx_PWMN_Stop(&htimx_BDCMOTOR,TIM_CHANNEL_1); // 停止输出
06     } else {
07         HAL_TIM_PWM_Stop(&htimx_BDCMOTOR,TIM_CHANNEL_1);
08         HAL_TIMEx_PWMN_Start(&htimx_BDCMOTOR,TIM_CHANNEL_1);
09     }
10 }
```

图 3.2.10　控制电机旋转方向

值得注意的是，驱动芯片 IR2104 使用自举电路提供开启上桥臂的电压，必须使用 PWM 方波来驱动上桥臂，可以使用固定的高电平来使下桥臂导通，所以在控制电机的时候需注意不能长时间导通上桥臂。

② 主要代码流程。

主要代码流程如图 3.2.11 所示，在代码中是有配置 $\overline{SD}$ 控制引脚的，但是一般情况下不会用到。需要调速时，只需修改 PWM 的占空比即可，而 PWM 的占空比，则是由比较器决定的。

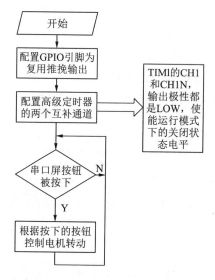

图 3.2.11　主要代码流程图

驱动有刷直流电机所用的 PWM 频率并不需要很高，一般情况下使用 5~25 kHz 的 PWM 信号即可。PWM 频率越高，能耗越高，驱动器件也越热，高频对主滤波储能电容的高频性能要求也越高；对于低频的 PWM 信号，电机转动会有较大的噪声。实验例程中使用的 PWM 频率就是 20 kHz，在这个频率下，人耳听不到电磁噪声。

3.2.4　实验内容

① 驱动有刷直流电机转动。
② 控制电机启动、加速、减速、停止等功能。

3.2.5 实验步骤

① 将 HMI 串口屏的连接线接到 YS-F4Pro 的接口上。

② 将实验 3.2 例程烧录到 YS-F4Pro 开发板上。

③ 在 HMI 串口屏上按以下顺序操作进入有刷直流电机控制界面（图 3.2.12）：

"实验选项"→"有刷直流电机"。

④ 单击"启动""加速""减速""换向""停止"等按钮，控制电机转动。

⑤ 使用按键来控制电机转动。

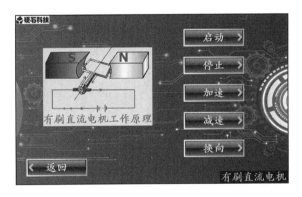

图 3.2.12　有刷直流电机界面

⑥ 使用示波器或者逻辑分析仪读取 TIM1 的 CH1 和 CH1N 信号。

3.2.6 实验报告要求

① 绘出定时器的输出控制信号，包括正转的 PWM 信号和反转的 PWM 信号。

② 总结分析控制有刷直流电机的方法。

③ 思考：TIM1 的两个通道除了一端输出 PWM，另一端输出固定的高电平这样的单极性 PWM 之外，还可以怎样控制有刷直流电机？

④ 使用示波器观察电机两端的电压变化，并绘图记录下来。

3.3 编码器接口实验

3.3.1 实验目的

① 了解编码器的结构；
② 掌握 STM32 的编码器接口使用方法。

3.3.2 实验器材

① YS-ExBox 电机控制实验箱；
② YS-F4Pro 工业 & 运动控制开发板；
③ HMI 串口屏；
④ 有刷直流电机驱动板；
⑤ 有刷直流电机；
⑥ 示波器或者逻辑分析仪。

3.3.3 实验原理

编码器分为增量式编码器和绝对式编码器两种。增量式就是每转过一定的角度，就发出一个信号。绝对式就是一圈内每个基准的角度有唯一一个与该角度对应的二进制数值。编码器按照工作传感器原理还可以分为有光电式、电磁式。

(1) 增量式光电编码器

增量式光电编码器的结构如图 3.3.1 所示。

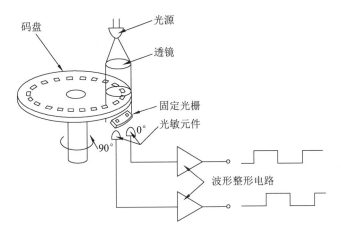

图 3.3.1 增量式光电编码器的结构

编码器由光源、透镜、码盘、固定光栅、光敏元件、波形整型电路组成。在码盘上刻有均匀分布一定数量的光栅，固定光栅上刻有 A、B 相两组与码盘上光栅相对应的透光缝隙。增量式光电脉冲编码器工作时，光电码盘随着工作轴旋转，但是固定光栅保持不动。有光同时透过光电码盘和固定光栅时，电路中产生逻辑"1"信号，没有透光时产生逻辑"0"信号，从而产生了 A、B 两相的脉冲信号。由于检测光栅上的 A、B 相两个透光缝隙的节距与光电码盘上光栅的节距是一致的，并且这两组透光缝隙错开四分之一的节距，从而使得最终信号处理输出的信号存在 90°的相位差，如图 3.3.2 所示。

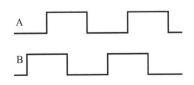

图 3.3.2 增量式编码器输出

编码器在旋转过程中，会一直输出脉冲，所以称之为增量式编码器，也有称之为旋转式编码器。TL 为长线差分驱动（对称 A、A-；B、B-；Z、Z-），HTL 也称推拉式、推挽式输出。信号输出有正弦波（电流或电压）、方波（TTL、HTL）、集电极开路（PNP、NPN）、推挽式多种形式，其中信号接收设备接口应与编码器对应。使用差分信号输出的编码器传输距离可达 150 m。

A 相与 B 相之间相互延迟 1/4 周期（90°）的脉冲输出，根据延迟关系可以区别正反转，一般默认都是 A 相在前就是正转，B 相在前就是反转。通过取

A 相、B 相的上升沿和下降沿可以进行 2 或 4 倍频。将角度转换成周期性的电信号，再把这个电信号转换成计数脉冲，用脉冲的个数表示角度的大小，通过比较单位时间内的角度大小可以得到角速度（转速）。部分编码器还会有第三个信号 Z，用于每转一圈输出一个脉冲以代表机械零位参考位。

（2）增量式电磁编码器

电磁编码器是利用霍尔效应（图 3.3.3），将磁信号转换成可用于通信、传输和存储的信号（图 3.3.4）。当电流通过一个位于磁场中的导体时，磁场会对导体中的电子产生一个垂直于电子运动方向上的作用力，从而在垂直于导体和磁感线的方向上产生电势差。

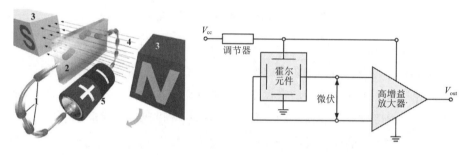

图 3.3.3　霍尔效应原理　　　　　图 3.3.4　磁信号转电信号

根据这个原理，在旋转轴上安装一块产生磁场的永磁体，将霍尔传感器靠近永磁体，就能够识别出转子的旋转位置，这是磁编码器最常用的做法。而电磁编码器不需要有复杂码盘和光源，元器件数量更少，结构牢固，体积小，具有相当高的可靠性，结实耐用。但是相对于光学编码器的精度和分辨率，它只能勉强达到光学编码器的普通级别，适用于普通精度场合。电磁编码器输出如图 3.3.5 所示。

图 3.3.5　电磁编码器输出

GM37-545 有刷直流电机上集成了一个简易的测速装置，这个测速装置与上面讲解的结构有所不同，主要是安装结构不同，但原理是一样的。有刷电机编码器结构如图 3.3.6 所示。编码器是由两个霍尔传感器加上一个铁氧体磁环组成的装置，两个霍尔传感器位置与旋转轴的连线相差 90°，磁环旋转一圈在霍尔传感器引脚上有 11 个脉冲输出，这样就得到一个分辨率为 11 的增量式旋转编码器，编码器输出 A、B 两相相差 90°的脉冲信号。值得注意的是，这里的磁环是固定在旋转轴上的，与安装在输出轴上不一样。GM37-545 是一个带有减速齿轮和编码器的有刷直流电机，输出轴的速度是旋转轴经过减速齿轮变换之后得到的速度。该电机的减速比是 30，所以电机输出轴旋转 1 圈，实际上可以检测到的编码器脉冲数量是 11×30 个。有刷电机编码器实物如图 3.3.7 所示。

图 3.3.6　有刷电机编码器结构　　　　图 3.3.7　有刷电机编码器

（3）4 倍频

若一个编码器的码盘刻度是 11 线，则每转 A、B 相可以输出 11 个脉冲。如果对每个脉冲的上升沿和下降沿都进行计数，那么可以计数到的脉冲数是 11×4，这就实现了编码器的 4 倍频，将测量精度提高了 4 倍。编码器信号 4 倍频原理如图 3.3.8 所示。同样地，也可以只对其中一相记录上升沿和下降沿，达到 2 倍频的目的。

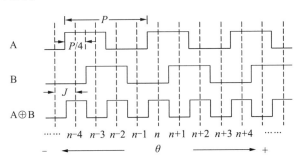

图 3.3.8　编码器信号 4 倍频原理

(4) STM32 编码器接口

不管编码器所用的传感器是什么类型的传感器，只要输出的脉冲波形符合表 3.3.1，就属于增量（正交）编码器。即使是输出正弦波，也同样是增量编码器。

表 3.3.1　计数方向与编码器信号的关系

有效边沿	相反信号的电平（TI1FP1 对应 TI2，TI2FP2 对应 TI1）	TI1FP1 信号		TI2FP2 信号	
		上升	下降	上升	下降
仅在 TI1 处计数	高	递减	递增	不计数	不计数
	低	递增	递减	不计数	不计数
仅在 TI2 处计数	高	不计数	不计数	递增	递减
	低	不计数	不计数	递减	递增
在 TI1 和 TI2 处均计数	高	递减	递增	递增	递减
	低	递增	递减	递减	递增

STM32 的定时器有用于增量式编码器的接口模式，可选在任意一相脉冲边沿计数，或者两相的脉冲边沿都计数，计数值保存在定时器的计数寄存器上。编码器接口就相当于带有方向的外部时钟。这意味着，计数器仅在 0 到 ARR 寄存器中的自动重载值之间进行连续计数，根据具体方向，从 0 递增计数到 ARR，或从 ARR 递减计数到 0。在此模式下，计数器会根据增量编码器的速度和方向自动进行修改，因此其内容始终表示编码器的位置，计数方向对应于所连传感器的旋转方向。

外部增量编码器可直接与 MCU 相连，无须外部接口逻辑。不过，通常使用比较器将编码器的差分输出转换为数字信号。这样大幅提高了抗噪声性能。用于指示机械零位的第三个编码器输出可与外部中断输入相连，用以触发计数器复位。编码器接口模式下的计数器工作示例如图 3.3.9 所示。

定时器配置为编码器接口模式时，会提供传感器当前位置的相关信息。使用另一个配置为捕获模式的定时器测量两个编码器事件之间的周期，可获得动态信息（速度、加速度和减速度）。指示机械零位的编码器输出即此应用。

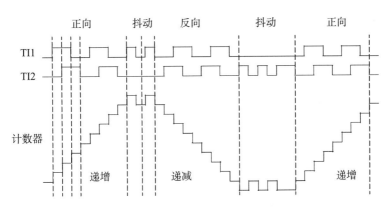

图 3.3.9 编码器接口模式下的计数器工作示例

编码器的两个通道的相位差对应旋转方向，若计数器是递减计数，则说明当前旋转方向是反向；若计数器是递增计数，则说明当前旋转方向是正向。此外，编码器接口的两个输入通道还可以选择极性反相功能。当选择极性反相时，定时器的计数器计数方向也随之改变。编码器接口反相输入示例如图 3.3.10 所示。

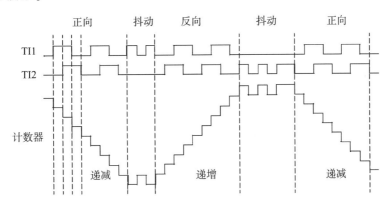

图 3.3.10 编码器接口反相输入示例

（5）软件实现

① 编码器输入通道。

将定时器配置为编码器接口的配置（图 3.3.11）的具体操作步骤如下：

（a）配置输入捕获通道 1 的极性和触发源；

（b）配置输入捕获通道 2 的极性和触发源；

（c）设置 IC1 不分频；

（d）设置 IC2 不分频；

(e) 两个通道的滤波参数为 0;

(f) 使能计数器。

```
01 sEncoderConfig.IC1Polarity   = TIM_ICPOLARITY_RISING;
02 sEncoderConfig.IC1Selection  = TIM_ICSELECTION_DIRECTTI;
03 sEncoderConfig.IC1Prescaler  = TIM_ICPSC_DIV1;
04 sEncoderConfig.IC1Filter     = 0;
05
06 sEncoderConfig.IC2Polarity   = TIM_ICPOLARITY_RISING;
07 sEncoderConfig.IC2Selection  = TIM_ICSELECTION_DIRECTTI;
08 sEncoderConfig.IC2Prescaler  = TIM_ICPSC_DIV1;
09 sEncoderConfig.IC2Filter     = 0;
10 __HAL_TIM_SET_COUNTER(&htim_BDC_Encoder,0);
11
12 HAL_TIM_Encoder_Init(&htim_BDC_Encoder, &sEncoderConfig);
```

图 3.3.11　初始化定时器编码器接口

滤波参数是按照实际情况来设置的,若编码器输出的杂波很多,则需要适当调整滤波参数。

将编码器模式设置为定时器配置从模式,计数器的时钟源就是编码器的脉冲边沿。最后调用 HAL_TIM_Encoder_Init() 即可完成初始化工作。

② 编码器读取流程图如图 3.3.12 所示。

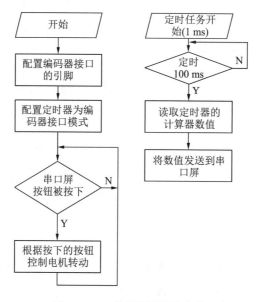

图 3.3.12　编码器读取流程图

实验例程主要配置两个定时器,一个是控制有刷电机的 TIM1,另一个是编码器接口的 TIM3。编码器安装在电机上面,需要使用 TIM1 驱动电机才能有信号反馈。同时使用滴答定时器计时，每隔 100 ms 发送一次编码器数值到串口屏。

在定时器回调函数（图 3.3.13）中，仅仅是读取编码器的数值，计数值保存在定时器的计数寄存器（CNT）当中。因为计数器是一个 16 位的寄存器，所以数值上最大只能取 65 535。如果需要更高的计数值，那么就需要在编码器中断过程中，计算溢出次数，然后计算捕获值时将溢出次数×65 536+当前计数值，所得的值就是从 0 开始计数到的脉冲边沿个数。

```
01    void HAL_SYSTICK_Callback(void)
02    {
03        static uint32_t CNT = 0;
04        uint32_t CapNum = 0;
05        CNT++;
06        if (CNT>=100) {
07            CNT = 0;
08            CapNum = __HAL_TIM_GET_COUNTER(&htim_BDC_Encoder);
09            HMI_value_setting("numPulse.val",CapNum);
10        }
11    }
```

图 3.3.13　定时器回调函数

读取计数值之后直接将数据发送到串口屏，若在串口屏上看到编码器数值从 65 535 直接跳转为 0，则说明因电机持续转动已导致计数器溢出。

3.3.4　实验内容

① 读取有刷直流电机编码器的数值。

② 观察编码器的输出波形。

3.3.5　实验步骤

① 将 HMI 串口屏的连接线接到 YS-F4Pro 的接口上。

② 将实验 3.3 例程烧录到 YS-F4Pro 开发板上。

③ 在 HMI 串口屏上按以下顺序操作进入编码器接口界面（图 3.3.14）"实验选项"→"编码器反馈"。

④ 单击屏幕上的"启动"按钮，使有刷电机转动。

⑤ 使用逻辑分析仪或者示波器测量编码器输出波形。

⑥ 观察正转和反转的波形差别。

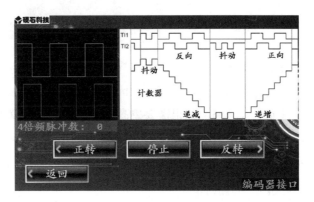

图 3.3.14 编码器接口界面

3.3.6 实验报告要求

① 思考：如果需要电机转动 1 圈，那么编码器输出 4 倍频之后的脉冲数是多少？

② 绘出正反转的编码器接口波形。

③ 思考：如果定时器的计数器是 16 位的，那么可计数的数值范围是多少，反转数值会怎样变化？

3.4 伺服舵机驱动实验

3.4.1 实验目的

① 掌握输出不同占空比 PWM 的方法；

② 掌握舵机控制原理；

③ 使用 PWM 信号控制舵机转动一定角度。

3.4.2 实验器材

① YS-ExBox 电机控制实验箱；

② YS-F4Pro 工业 & 运动控制开发板；

③ HMI 串口屏；

④ MG996 伺服舵机；

⑤ 示波器或者逻辑分析仪。

3.4.3 实验原理

舵机是伺服电机的一种，最早用于船舶上以实现转向功能。由于可以通过程序连续控制转角，因而其被广泛应用于智能小车以实现转向，以及机器人各类关节运动中。

（1）舵机

舵机内部控制电路板接收来自信号线的控制信号，控制电机转动；电机带动一系列齿轮组，减速后传动至输出舵盘。舵机的输出轴和位置反馈电位计是相连的，舵盘转动的同时，带动位置反馈电位计，电位计将输出一个电压信号到控制电路板，进行反馈，然后控制电路板根据所在位置决定电机转动的方向和速度，从而使得目标停止。其工作流程如下：

控制脉冲信号→控制电路板→电机转动→齿轮组减速→比例电位器→控制电路板反馈。

舵机结构框图如图 3.4.1 所示。

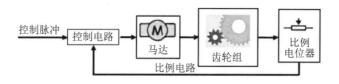

图 3.4.1 舵机结构框图

控制电路有一个基准电路，产生周期为 20 ms、宽度为 1.5 ms 的基准信号，外加信号与基准信号相比较，判断出方向和大小，从而产生电机转动信号。舵机的控制脉冲要求周期为 20 ms 的脉宽调制信号（PWM），脉冲宽度在 0.5~2.5 ms 变化，相对应舵盘位置在 0°~180°呈线性变化。

（2）PWM 脉冲输出

STM32 任意一个高级定时器和通用定时器都可以输出周期为 20 ms、脉宽在 2.5 ms 以内的脉冲信号（基本定时器没有输出通道）。这里以 TIM9 的 CH2 为例进行说明，如图 3.4.2 所示。

TIM9		IO
CH1	PA2	PE5
CH2	PA3	PE6

图 3.4.2　TIM9 输出通道

TIM9 是挂载在 APB2 上的外部设备，时钟频率是 168 MHz，有两个输出通道，控制舵机只需要一个通道即可。TIM9 的 CH2 使用的是 PA3 引脚，这个引脚位于 ADC 输入接口处。设置 TIM9 的预分频是（1680-1），得到定时器计数频率是 100 kHz。然后再设置计数周期是（2000-1），得到 20 ms 的脉冲输出。当 CCR=50 时，输出 5 ms 的高电平脉冲；当 CCR=250 时，输出 2.5 ms 脉冲。硬件输出接口如图 3.4.3 所示。

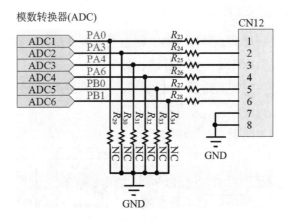

图 3.4.3　硬件输出接口

（3）软件实现

① 定时器输出脉冲。

控制舵机的关键在于控制脉冲宽度。可以使用 STM32 中 TIM9 的 CH2 输出 20 ms 的脉冲。TIM9 的时钟频率是 168 MHz，预分频设置为（1680-1），周期值设置为 2 000，就可以得到 20 ms 的脉冲波形。设置输出通道为 PWM1 模式，初始脉宽为 5 ms，注意输出极性是高电平，如图 3.4.4 所示。

```
01 sConfigOC.OCMode = TIM_OCMODE_PWM1;
02 sConfigOC.Pulse = 50;
03 sConfigOC.OCPolarity = TIM_OCPOLARITY_HIGH;
04 sConfigOC.OCFastMode = TIM_OCFAST_DISABLE;
05 HAL_TIM_PWM_ConfigChannel(&htimx_Servo, &sConfigOC, TIM_CHANNEL_2);
```

图 3.4.4　TIM9 输出通道初始化

串口屏显示和使用的角度单位是"°",但是 MCU 使用的是比较值,所以需要对接收到的角度转换成定时器的比较值,如图 3.4.5 所示。

```
01 /* 角度转换成占空比比较值, ANGLE_RESOLUTION=((MIN+MAX)/180 */
02 tmp = (uint32_t)((float)Frame.Param.Init*ANGLE_RESOLUTION)+MIN_PWM_DUTY_CCR;
03 __HAL_TIM_SET_COMPARE(&htimx_Servo,TIM_CHANNEL_2,tmp);
```

图 3.4.5　角度转换成比较值

当比较值 CCR = MIN_PWM_DUTY_CCR 时,舵机转动到 0°的位置。ANGLE_RESOLUTION =(最大比较值-最小比较值)/180°,就是角度分辨率,每 1°的比较值变化量。

② 主要代码流程如图 3.4.6 所示。

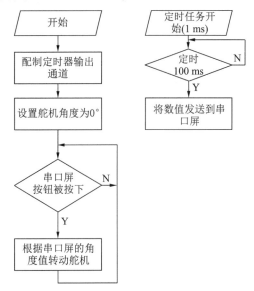

图 3.4.6　主要代码流程图

3.4.4　实验内容

① 控制舵机完成特定的动作。

② 测量控制信号脉冲波形。

3.4.5　实验步骤

① 将 HMI 串口屏的连接线接到 YS-F4Pro 的接口上。

② 将实验 3.4 例程烧录到 YS-F4Pro 开发板上。

③ 在 HMI 串口屏上按以下顺序操作进入舵机控制界面：
"实验选项"→"伺服舵机"。

④ 拖动屏幕上的滑块，使舵机转动一定的角度。

⑤ 单击屏幕上序号前面的多选框，选择多段角度行程，然后单击"运行"按钮，舵机会按照顺序转动预设的角度，如图 3.4.7 所示。

⑥ 若勾选"循环"复选框，则舵机会一直循环执行已经勾上的序号。

⑦ 使用示波器观察不同角度的控制脉冲波形。

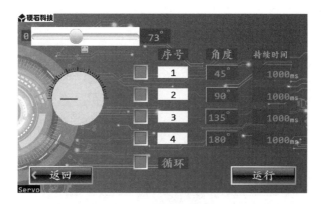

图 3.4.7　操作界面

3.4.6　实验报告要求

① 绘图多个角度的 PWM 波形。

② 总结定时器输出占空比的方法。

3.5　28 步进电机驱动实验

3.5.1　实验目的

① 了解 28 步进电机的工作原理；

② 掌握控制 28 步进电机的方法；

③ 使用 STM32 驱动 28 步进电机。

3.5.2 实验器材

① YS-ExBox 电机控制实验箱；
② YS-F4Pro 工业 & 运动控制开发板；
③ HMI 串口屏；
④ ULN2003 步进电机驱动板；
⑤ 28BYJ-48 步进电机。

3.5.3 实验原理

(1) 28 步进电机

28 步进电机全称是 28BYJ-48 步进电机，28 指直径为 28 mm，B 指步进电机，Y 指永磁式，J 指减速型，48 指四相八拍。实际上 28 步进电机是一个四相五线的步进电机，28BYJ-48 步进电机的内部结构简图如图 3.5.1 所示。28BYJ-48 步进电机减速齿轮如图 3.5.2 所示。

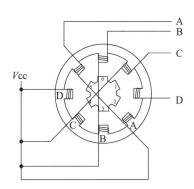

图 3.5.1　28BYJ-48 步进电机的内部结构简图　　图 3.5.2　28BYJ-48 步进电机减速齿轮

28 步进电机的主要参数见表 3.5.1。

表 3.5.1　**28BYJ-48 步进电机主要参数**

电机型号	电压/V	相数	相电阻±10%	步进角度/(°)	减速比	启动转矩(100 Hz)/(10^{-5}N·m)	起动频率/Hz	定位转矩/(10^{-5}N·m)	绝缘耐压/(V/min)
28BYJ-48	5	4	300 Ω	5.625/64	1∶64	≥2 940	≥500	≥2 940	600

表格中可以看到有一个减速比为 1∶64，步进角度为 5.625/64°。如果转动 1 圈，那么需要 360/5.625×64＝4 096 个脉冲信号。一般在电机选型时关注

其他参数。

(2) 单极性整步驱动

对28BYJ-48步进电机的结构进行简化，得到步进电机的等效结构（图3.5.3）。

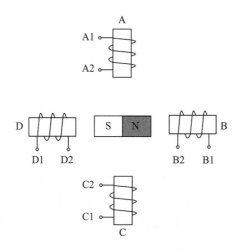

图3.5.3　步进电机的等效结构

定子可以等效成A、B、C和D四个线圈绕组，转子可以等效成一对南北极（S/N）的磁铁。

单极性驱动分为整步驱动和半步驱动两大类。

单极性整步驱动的工作原理如下：首先如图3.5.4（a）所示，给A线圈通上从A2到A1的电流，A线圈产生上南（S）下北（N）的磁极，转子的南极（S）被吸引到A线圈的下方；接着如图3.5.4（b）所示，给B线圈通上从B2到B1的电流，转子的南极被吸引到B线圈的左边；然后如图3.5.4（c）所示，给C线圈通上从C2到C1的电流，转子的南极被吸引到C线圈的上方；最后如图3.5.4（d）所示，给D线圈通上从D2到D1的电流，转子的南极被吸引到D线圈的右方。

这样在A→B→C→D的通电顺序下，转子将分4步顺时针旋转；如果通电顺序改成D→C→B→A，转子将逆时针旋转。在这个过程中，每个线圈的电流方向固定从"2"到"1"，如从A2到A1，所以称之为单极性驱动；转子从一个线圈一步到位地转到另一个线圈，每一步转过的角度是90°，所以称之为整步驱动。在任意时刻，只给一个线圈通电，其他三个线圈都没有被通电。

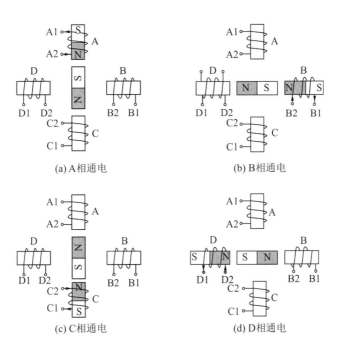

图 3.5.4 单极性整步驱动

(3) 单极性半步驱动

单极性半步驱动如图 3.5.5 所示,它与整步驱动相比,在两个整步之间插入了一个"半步"。如图 3.5.5 (b) 所示,给 A、B 线圈同时通电,电流方向分别从 A2 到 A1 和 B2 到 B1,A、B 线圈在靠近转子的一端,同时形成磁力相等的北极(N),转子的南极(S)在磁力的平衡作用下,停在 A 和 B 的正中央。

这样在 A→AB→B→BC→C→CD→D→DA 的通电顺序下,转子将分 8 步顺时针旋转;如果通电顺序改成 DA→D→CD→C→BC→B→AB→A,转子将逆时针旋转。在这个过程中,每个线圈的电流方向也是固定从"2"到"1",所以称之为单极性驱动;转子每次只走半步 45°,所以称之为半步驱动。和整步驱动相比,半步驱动把一整步分成两个半步来跑,电机转起来会更顺畅。

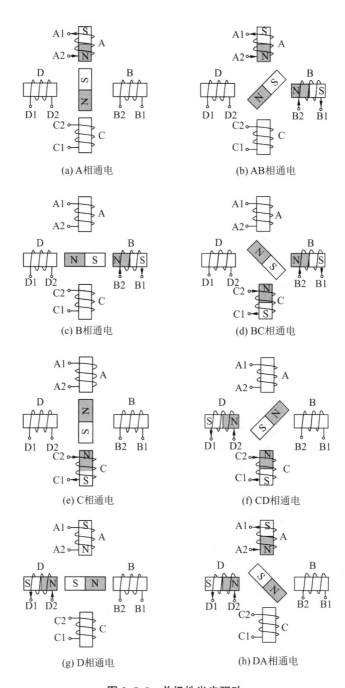

图 3.5.5 单极性半步驱动

在驱动过程中，为了让转子的机械速度能够跟上定子的通电速度，每驱动一步，都要延迟一段时间才能驱动下一步。如果延迟时间太短，转子还没有转到位，就开始驱动下一步，那么转子就会出现失步、震荡的情况。所以步进电机在启动时，如果目标速度较高，必须有加速过程，即延迟时间要逐步减少，让电机的速度一步一步地提高到目标速度为止。

(4) 驱动电路

28BYJ-48 步进电机常用的驱动 IC 是 ULN2003A。ULN2003 是高压大电流达林顿晶体管阵列系列产品（图 3.5.6），具有电流增益高、工作电压高、温度范围宽、带负载能力强等特点，适用于各类要求高速大功率驱动的系统。ULN2003A 由 7 组达林顿晶体管阵列和相应的电阻网络及钳位二极管网络构成，具有同时驱动 7 组负载的能力，为单片双极型大功率高速集成电路。ULN2003A 内部结构如图 3.5.7 所示。

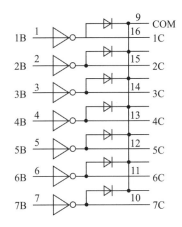

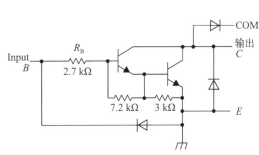

图 3.5.6　ULN2003 结构框图　　　图 3.5.7　ULN2003A 内部结构

(5) 软件实现

① 四相八拍驱动方式。

步进电机驱动原理图如图 3.5.8 所示。步进电机公共端接 V_{CC}，其他四个引脚则由 GPIO 控制。这个情况适合使用单极性半步驱动。步进电机通电顺序见表 3.5.2。

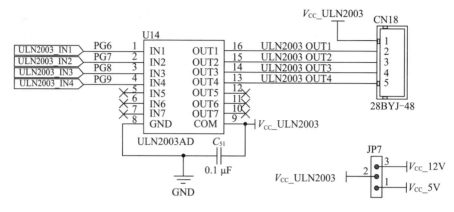

图 3.5.8　步进电机驱动

表 3.5.2　步进电机通电顺序

导线颜色	第1步	第2步	第3步	第4步	第5步	第6步	第7步	第8步
V_{CC} 红	5 V	5 V	5 V	5 V	5 V	5 V	5 V	5 V
D 橙	GND	GND						GND
C 黄		GND	GND	GND				
B 粉				GND	GND	GND		
A 蓝						GND	GND	GND

反方向则是跟表格里的顺序相反,可以使用一个变量 step 来表示第几步,这个变量每隔一定的时间就递增或者递减一次,变量变化的时间间隔决定了电机速度,递增或递减则决定电机转动方向。相关控制函数如图 3.5.9 所示。

经过驱动芯片 ULN2003 之后,信号是反相的,所以 A_ON 表示 A 相控制引脚输出高电平,A_OFF 表示 A 相控制引脚输出低电平,其他类似。在上面代码中,step 的数值变化是递增/递减的,每 8 步为一个周期。

这个步进电机带有减速齿轮,减速比是 1∶64,所以步距角是 5.625/64°。如果需要转动 1 圈,那么需要 360/5.625×64 = 4096 个脉冲信号。若定位步数,则需要在每一步节拍执行完之后记录步数。

```
01 if (direction==MOTOR_DIR_CCW)     // 如果为逆时针旋转
02 {
03      temp=7-step;         // 调换节拍信号
04 }
05 switch (temp) {// 8个节拍控制：A->AB->B->BC->C->CD->D->DA
06 case 0:
07      A_ON;B_OFF; C_OFF; D_OFF;
08      break;
09 case 1:
10      A_ON; B_ON; C_OFF;D_OFF;
11      break;
12 case 2:
13      A_OFF; B_ON; C_OFF; D_OFF;
14      break;
15 case 3:
16      A_OFF;B_ON; C_ON; D_OFF;
17      break;
18 case 4:
19      A_OFF; B_OFF; C_ON; D_OFF;
20      break;
21 case 5:
22      A_OFF; B_OFF; C_ON; D_ON;
23      break;
24 case 6:
25      A_OFF; B_OFF; C_OFF; D_ON;
26      break;
27 case 7:
28      A_ON; B_OFF; C_OFF; D_ON;
29      break;
30 }
```

图 3.5.9　步进电机四相八拍工作方式控制函数

② 主要代码流程（图 3.5.10）。

在串口屏上可以控制电机的启动和停止，当接收到串口的指令时，使能步进电机转动。更换节拍信号是在定时器里面，控制定时间隔就可以每隔一定时

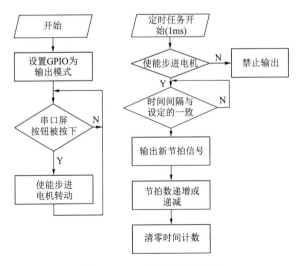

图 3.5.10　主要代码流程图

间更换节拍信号。定时器定时每隔 1 ms 中断一次，然后在中断过程中设置 step 递增或递减，改变定时器时间间隔，改变换相时机间隔，可以控制速度。

3.5.4 实验内容

① 控制步进电机转动。

② 观察控制信号波形。

3.5.5 实验步骤

① 将 HMI 串口屏的连接线接到 YS-F4Pro 的接口上。

② 将实验 3.5 例程烧录到 YS-F4Pro 开发板上。

③ 在 HMI 串口屏上按以下顺序操作进入步进电机控制界面（图 3.5.11）："实验选项"→"28 步进电机"。

④ 单击"启动"按钮，启动电机转动。

⑤ 电机正转和反转，观察电机转动速度。

⑥ 使用示波器观察控制信号波形。

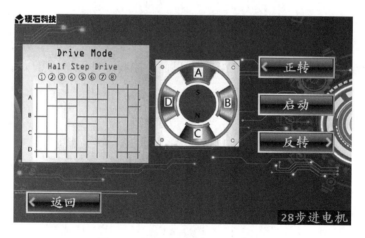

图 3.5.11　28 步进电机控制界面

3.5.6 实验报告要求

① 思考：如果使用单极性整步驱动，应该如何编程，有哪些需要修改的地方？

② 绘出示波器测量到的控制信号波形。

3.6　57 步进电机实验

3.6.1　实验目的

① 掌握 57 步进电机驱动器使用方法；
② 使用专用驱动器驱动 57 步进电机；
③ 掌握输出可控频率 PWM 的方法。

3.6.2　实验器材

① YS-ExBox 电机控制实验箱；
② YS-F4Pro 工业 & 运动控制开发板；
③ HMI 串口屏；
④ TB6600 步进电机驱动器；
⑤ 57 步进电机；
⑥ 丝杆导轨；
⑦ 限位开关。

3.6.3　实验原理

工业上常常使用大功率的步进电机，如 42、57、86、110 等系列步进电机（参数表示电机尺寸大小），同时为了获得更高的性能，往往需要更加复杂的驱动电路。很多半导体公司专门为驱动步进电机设计了种类繁多、功能齐全的驱动芯片，同时也使得控制步进电机运动更为简单。

本实验使用的是 57 双出轴步进电机，两相四线，机身长度 56 mm，输出轴 8 mm，前轴长 20 mm，后轴长 15 mm。电机输出轴就是驱动轴，接上了丝杆导轨用于控制滑台前进后退等动作，后轴则是接了一个 600 线的编码器。

57BYG250B 步进电机是两相四线步进电机，其内部结构如图 3.6.1 所示，相关参数见表 3.6.1。

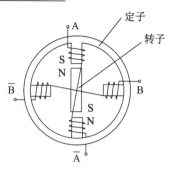

图 3.6.1　57 步进电机内部结构图

表 3.6.1　步进电机参数

型号	步距角度/(°)	长度/mm	相电流/A	相电阻/Ω	相电感/mH	扭矩/(N·M)	转动惯量/(g·cm²)	质量/kg	引线
57BYG250B	1.8	56	2.5	0.9	2.5	1.2	300	0.7	四线

通过图 3.6.1 可知，A 和 $\overline{A}$ 联通，B 和 $\overline{B}$ 联通。那么，A 和 $\overline{A}$ 是一组 a，B 和 $\overline{B}$ 是一组 b。

不管是两相四线（步进电机）、四相五线（步进电机），还是四相六线步进电机，内部构造都与此类似。至于究竟是四线、五线，还是六线。就要看 A 和 $\overline{A}$ 之间、B 和 $\overline{B}$ 之间有没有公共端 COM 抽线。若 a 组和 b 组各自有一个 COM 端，则该步进电机的引线是六线；若 a 和 b 组的公共端连在一起，则该步进电机的引线是五线。

（1）双极性整步驱动

双极性驱动步进电机与单极性较为相似，同样可以有整步驱动、半步驱动和细分驱动三类。两者主要区别在于绕组的通电方向可以有两个方向，线圈中的电流方向也可以双向改变。

双极性整步驱动的工作原理如下：A2 端和 C2 端、B2 端和 D2 端在生产电机时，已经在电机内部联通。首先如图 3.6.2（a）所示，给 C 线圈和 A 线圈通上从 C1 到 A1 的电流，C 线圈和 A 线圈同时产生上南（S）下北（N）的磁极，转子被吸引到上南（S）下北（N）的位置；然后如图 3.6.2（b）所示，给 D 线圈和 B 线圈通上从 D1 到 B1 的电流，转子被吸引到左北右南的位置；再如图 3.6.2（c）所示，给 A 线圈和 C 线圈通上从 A1 到 C1 的电流，转子被吸引到上北下南的位置；最后如图 3.6.2（d）所示，给 B 线圈和 D 线圈通上从 B1 到 D1 的电流，转子被吸引到左南右北的位置。

在 CA→DB→AC→BD 的通电顺序下，转子将分 4 步顺时针旋转；如果通电顺序改成 BD→AC→DB→CA，转子将逆时针旋转。在这个过程中，每个线圈的电流方向是双向改变的。例如：A 线圈的电流可以从 A2 到 A1，也可以从 A1 到 A2，所以称之为双极性驱动；和单极性整步驱动一样，转子也是从一个线圈一步到位地转到另一个线圈，每一步转过的角度都是 90°，所以称之为整步驱动。在任意时刻，和单极性整步驱动相比，有两个线圈被通电，所产生的转矩更大。

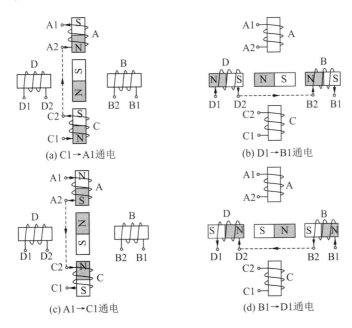

图 3.6.2　双极性整步驱动

（2）双极性半步驱动

双极性半步驱动如图 3.6.3 所示，它和整步驱动相比，在两个整步之间插入了一个"半步"。如图 3.6.3（b）所示，给 A、B、C、D 四个线圈同时通电，电流方向分别从 C1 到 A1 和 D1 到 B1，A、B 线圈在靠近转子的一端，同时形成磁力相等的北极（N），C、D 线圈在靠近转子的一端，同时形成磁力相等的南极（S），转子在磁力的平衡作用下，停在一个整步的正中央。

在 CA→CA/DB→DB→DB/AC→AC→AC/BD→BD→BD/CA 的通电顺序下，转子将分 8 步顺时针旋转；如果通电顺序改成 BD/CA→BD→AC/BD→AC→DB/AC→DB→CA/DB→CA，转子将逆时针旋转。在这个过程中，每个线圈的电流方向都是双向改变的，所以称之为双极性驱动；转子每次只走半步

45°，所以称之为半步驱动。在任意时刻，和单极性半步驱动相比，被通电的线圈的数量多了一倍（2个或4个），所产生的转矩更大。

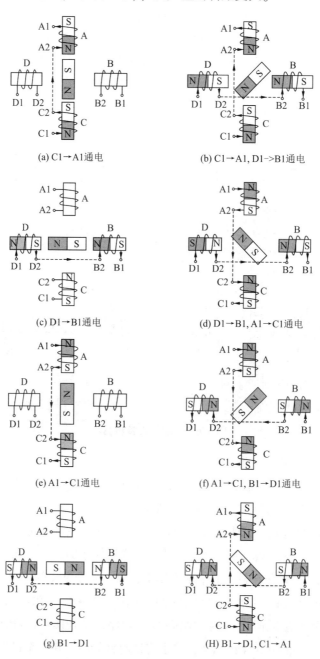

图 3.6.3 双极性半步驱动

(3) 细分驱动

如图 3.6.4 所示,假设流过 A、C 线圈的电流大小为 I_a,流过 B、D 线圈的电流大小为 I_b,因为磁场强度和电流的大小成正比,如果 I_a 等于 I_b,那么转子将停在相邻两个线圈的中央;如果 I_a 不等于 I_b,那么转子将停在电流较大的一侧,转子在停住时,和水平方向的夹角是

$$\theta = \tan^{-1}\left(\frac{I_a}{I_b}\right) \tag{3.6.1}$$

从式(3.6.1)可以看出:改变 I_a 和 I_b 的比例,即可控制转子在一个整步中的任何位置停住。细分驱动原理是:改变定子线圈的电流比例,让转子在旋转过程中,可以停靠在一个整步中不同位置,把一个整步分成多个小步来跑。细分驱动具有转动顺畅、精度高、转矩大的特点,但控制复杂,一般需要专用芯片来实现,如东芝公司的 TB67S10xA 系列步进电机细分驱动芯片,最多可以把 1 个整步分成 32 个小步。

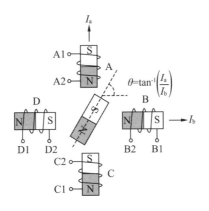

图 3.6.4 细分驱动原理

(4) 步进电机驱动器

如图 3.6.5 所示,东芝公司的 TB67S109A 芯片是一种配备 PWM 斩波器的两相双极型步进电机驱动器。内置时钟解码器,采用 BiCD 工艺制作,额定值为 50 V/4.0 A,允许全步、半步、1/4、1/8、1/16、1/32 步运行,即细分最高为 32。

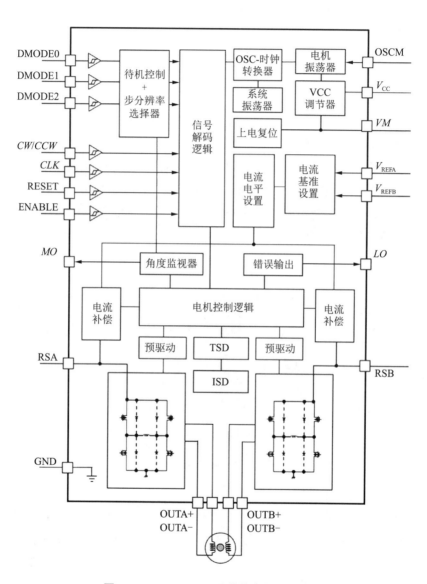

图 3.6.5　TB67S109A 芯片的内部逻辑电路

实际上，TB67S109A 芯片已经被很多厂家应用并设计出了对应的步进电机驱动器，且价格合适。

TB67S109A 步进电机驱动器是一款专业的两相步进电机驱动器（图3.6.6），可实现正反转控制，通过 3 位拨码开关选择 7 挡细分控制（1、2/A、2/B、4、8、16、32），通过 3 位拨码开关选择 8 挡电流控制（0.5 A、1 A、1.5 A、2 A、2.5 A、2.8 A、3.0 A、3.5 A），适合驱动 57、42 型两相、四相混合式步进电机，能达到低振动、小噪声、高速度的效果。

图 3.6.6　步进电机驱动器

① 步进电机驱动器参数见表 3.6.2。

表 3.6.2　步进电机驱动器参数

项目	说明	项目	说明
输入电压	DC 9~40 V	输入电流	推荐使用开关电源功率 5 A
输出电流	0.5~4.0 A	最大功耗	160 W
细分	1、2/A、2/B、4、8、16、32	温度	工作温度−10~45 ℃
湿度	不能结露，不能有水珠	质量	0.2 kg
气体	禁止有可燃气体和导电灰尘	—	—

② 输入、输出端说明。

（a）信号输入端。

PUL+：脉冲信号输入正。　　　　PUL−：脉冲信号输入负。

DIR+：电机正、反转控制正。　　DIR−：电机正、反转控制负。

EN+：电机脱机控制正。　　　　　EN−：电机脱机控制负。

（b）电机绕组连接。

A+：连接电机绕组 A+相。　　　A-：连接电机绕组 A-相。

B+：连接电机绕组 B+相。　　　B-：连接电机绕组 B-相。

（c）电源电压连接。

VCC：电源正端"+"　　　　　　GND：电源负端"-"

注意　输入电压是 DC 9~40 V。不可以超过此范围，否则驱动器无法正常工作，甚至损坏。

③ 输入端接线说明。

输入信号共有三路：步进脉冲信号 PUL+、PUL-；方向电平信号 DIR+、DIR-；脱机信号 EN+、EN-。输入信号接口有两种接法，可根据需要采用共阳极接法或共阴极接法。

共阳极接法：分别将 PUL+、DIR+、EN+连接到控制系统的电源上。若此电源是+5 V/3.3 V，则可直接接入；若此电源大于+5 V，则须外部另加限流电阻 R，保证给驱动器内部光耦提供 8~15 mA 的驱动电流。脉冲输入信号通过 PUL-接入，方向信号通过 DIR-接入，使能信号通过 EN-接入。

共阴极接法：分别将 PUL-、DIR-、EN-连接到控制系统的地线（GND）上。脉冲输入信号通过 PUL+接入，方向信号通过 DIR+接入，使能信号通过 EN+接入。若此控制系统信号线是+5 V/3.3 V，则可直接接入；若此信号电压大于+5 V，则须外部另加限流电阻 R，保证给驱动器内部光耦提供 8~15 mA 的驱动电流。

步进电机驱动器接线示意图如图 3.6.7 所示，步进电机接线图如图 3.6.8 所示。

第3章 STM32电机控制实验（基础驱动）

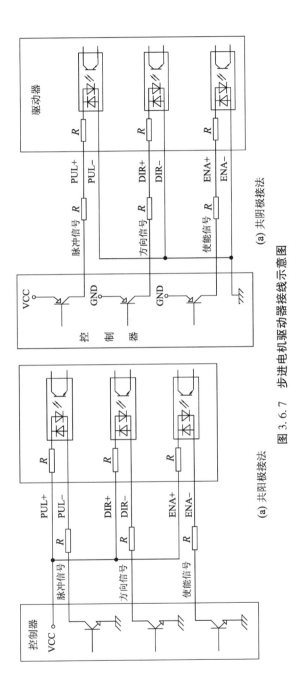

图 3.6.7 步进电机驱动器接线示意图

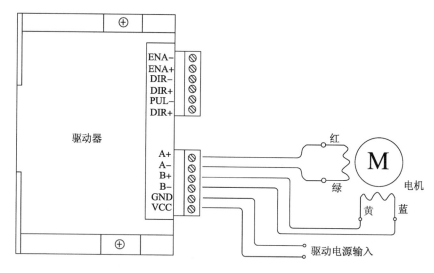

图 3.6.8 步进电机接线图

④ 细分数设定。

细分数是以驱动板上的拨码开关选择设定的,用户可根据驱动器外盒上细分选择表的数据设定(在断电情况下设定为宜)。细分后步进电机步距角按下列方法计算:

$$步距角 = 电机固有步距角/细分数$$

例如:一台固有步距角为 1.8°的步进电机在 4 细分下步距角为 1.8°/4=0.45°。

动板上拨码开关 SW1、SW2、SW3,分别对应 S1、S2、S3。细分数设定见表 3.6.3。

表 3.6.3 细分数设定

细分	脉冲/转	S1 状态	S2 状态	S3 状态
NC	NC	ON	ON	ON
1	200	ON	ON	OFF
2/A	400	ON	OFF	ON
2/B	400	OFF	ON	ON
4	800	ON	OFF	OFF
8	1 600	OFF	ON	OFF
16	3 200	OFF	OFF	ON
32	6 400	OFF	OFF	OFF

当细分数为 1 时，实际上就是没细分功能，如果给驱动器 200 个脉冲，就可以使得电机旋转一圈。另外，可以看到驱动电机旋转一圈的脉冲数与细分数是成正比的。一旦确定了细分数，控制程序也需要根据细分数进行修改，可以说细分数与控制程序息息相关。

设置 SW1、SW2 和 SW3 都为 OFF 状态，就是设置细分数为 32。这里要特别注意，32 细分数对应的是转动一圈需要 6 400 个脉冲，这在控制步进电机转动圈数时非常重要。

⑤ 电流大小设定。

驱动板上拨码开关 SW4、SW5、SW6 分别对应 S4、S5、S6。电流大小设定见表 3.6.4。

表 3.6.4　电流大小设定

电流/A	S4 状态	S5 状态	S6 状态
0.5	ON	ON	ON
1.0	ON	OFF	ON
1.5	ON	ON	OFF
2.0	ON	OFF	OFF
2.5	OFF	ON	ON
2.8	OFF	OFF	ON
3.0	OFF	ON	OFF
3.5	OFF	OFF	OFF

为配合 57BYG250B 步进电机使用，这里选择 3.5 A 电流，即 SW4、SW5 和 SW6 都为 OFF 状态。

拨码开关一般会有"ON"字样或使用一个箭头指示开关状态，箭头所指方向或"ON"所在的一边就是 ON 状态，另一边就是 OFF 状态。拨弄开关时需要按照要求正确打开开关状态。步进电机驱动器如图 3.6.9 所示。

图 3.6.9　步进电机驱动器

(5) 软件实现

① 步进电机接口。

当使用步进电机接口 1 时，控制信号经过光耦隔离之后输出模式变成了开漏输出。若需要使用示波器观察波形，则需要连接上步进电机驱动器，或者直接将示波器探头接到光耦输入端。接线方法使用共阳接法，也就是 V_{CC} 接到驱动器的 PUL+、DIR+、ENA+，而 PUL−、DIR−、ENA−则是接到对应的控制信号上。步进电机接口原理图如图 3.6.10 所示。

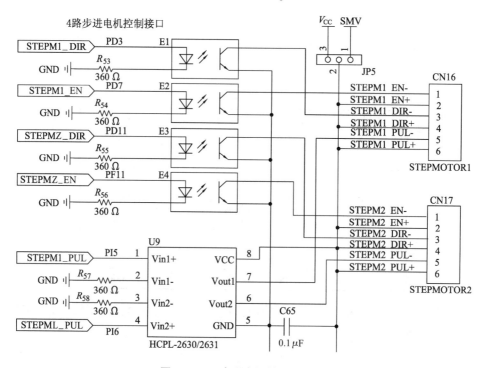

图 3.6.10　步进电机接口原理图

控制 57 步进电机使用的是专用的步进电机驱动器 TB6600，只需 3 个信号就可以驱动步进电机，它们分别是脉冲控制信号、方向控制信号、使能信号。实际上步进电机驱动器内部是带有上拉/下拉电阻的，也就是在接线端子浮空时，驱动器内部也有一个固定的电平信号，即什么都不接也默认使能。测试时，可以直接使用脉冲控制引脚，而其他信号则不接，就可以看到电机转动的现象。但是在实验箱中步进电机是安装在丝杆导轨上的，不得不控制方向，以防发生碰撞。步进电机驱动器按照默认设置就是使用 32 细分控制步进电机转动。转动一圈需要主控制板提高 6 400 个脉冲。

步进电机的步距角是 1.8°，正常情况下使用双极性半步驱动的方式，旋转一圈就需要 360°/1.8° = 200 个脉冲。使用专用的步进电机控制器就可以使用细分控制，将细分设置为 32，则步进电机旋转一圈需要 200×32 个脉冲，步距角为 360°/（32×200）= 0.056 25°。

步进电机旋转一圈需要 6 400 个脉冲，同时滑台前进 5 mm，在忽略机械误差的情况下，滑台前进 1 mm 需要 6 400/5 = 1 280 个脉冲。在运行的过程中，可以记录输出的脉冲数个数，然后用于计算步进电机转动的圈数，进而知道滑台前进的距离。计算公式如下：

$$s = \frac{\text{Step}}{(x \times 200)/5} \quad (3.6.2)$$

式中，s 为滑台前进距离，Step 为主控板输出脉冲数，x 为细分数。如果 Step = 6 400，则 s 等于 5 mm。这里的 6 400 仅仅是步进电机的距离，若在 1 s 内主控板输出 6 400 个脉冲，则电机可以在 1 s 转一圈，所以可以得到等式：

$$1 \text{ r/s} = 6 400 \text{ Hz} \quad (3.6.3)$$

直接修改定时器输出脉冲频率可以控制步进电机的转速，输出 64 kHz 的方波就是设置电机转速为 10 r/s。不过对于太快的转速，步进电机是转不过来的。转速越高，扭矩越低，特别是在电机安装上丝杆之后，运动需要的力矩变大，过高的转速会导致堵转，并且发出刺耳的声音。

② 主要代码配置。

代码使用的是 TIM8 的 CH1。初始化时要将通道 1 配置为翻转输出模式（图 3.6.11）。输出极性为高电平有效。控制步进电机速度使用的并不是占空比而是频率，所以这里需要配置 TIM8→CH1 为翻转输出模式。输出极性是高电平有效，其他配置基本上没有需要特别注意的地方。

```
01 /* 定时器比较输出配置 */
02 sConfigOC.OCMode = TIM_OCMODE_TOGGLE;                // 比较输出模式：翻转输出
03 sConfigOC.Pulse = Toggle_Pulse;                      // 脉冲数
04 sConfigOC.OCPolarity = TIM_OCPOLARITY_HIGH;          // 输出极性
05 sConfigOC.OCNPolarity = TIM_OCNPOLARITY_LOW;         // 互补通道输出极性
06 sConfigOC.OCFastMode = TIM_OCFAST_DISABLE;           // 快速模式
07 sConfigOC.OCIdleState = TIM_OCIDLESTATE_RESET;       // 空闲电平
08 sConfigOC.OCNIdleState = TIM_OCNIDLESTATE_RESET;     // 互补通道空闲电平
09 HAL_TIM_OC_ConfigChannel(&htimx_STEPMOTOR, &sConfigOC, STEPMOTOR_TIM_CHANNEL_x);
```

图 3.6.11 TIM8→CH1 配置

同时，还需要使能中断。当计数器与比较器相等时就会触发中断，这时

使用一个变量 i 计数，计数满 2 次就是电平翻转了 2 次，也就是一个脉冲，用于记录脉冲数。在每一次中断时比较器都会更新。比较翻转中断代码如图 3.6.12 所示。

```
01 count = __HAL_TIM_GET_COUNTER(&htimx_STEPMOTOR);
02 tmp = STEPMOTOR_TIM_PERIOD & (count+Toggle_Pulse);
03 __HAL_TIM_SET_COMPARE(&htimx_STEPMOTOR,STEPMOTOR_TIM_CHANNEL_x,tmp);
04
05 i++;
06 if ( i == 2)
07 {
08     i = 0;
09     if (direction == MOTOR_DIR_CW)
10         Step ++;
11     else
12         Step--;
13 }
```

图 3.6.12　比较翻转中断代码

在比较中断中读取当前的计数器的数值，加上一定的数值 Toggle_Pulse，然后重新赋值给比较寄存器，这样计数器距离下一次的中断时间间隔就是 Toggle_Pulse。改变 Toggle_Pulse 的值就可以改变脉冲的正负半周期的宽度，也是通过改变 Toggle_Pulse 来改变输出脉冲的频率。限位开关中断代码如图 3.6.13 所示。

```
01 if (GPIO_Pin == LIMPOS_PIN)           //正方向位的极限引脚
02 {
03
04     DisableMotor();
05 }
06 if (GPIO_Pin == LIMNEG_PIN)           //反方向位的极限引脚
07 {
08
09     DisableMotor();
10 }
```

图 3.6.13　限位开关中断代码

因为丝杆上面有位置限制，所以安装了两个接近开关作为限位开关，当滑台运动到这个极限位置时会触发中断，紧急停止输出脉冲。

③ 主要代码流程（图 3.6.14）。

串口屏通过按钮发送控制信号，主控板在接收到串口屏的数据时可以修改速度，使能并控制电机转动。主要的设计流程如下：

外部中断的流程：由外部限位开关的信号触发，进入中断之后判断触发的是哪个限位开关，然后停止电机转动。

主流程：开机初始化定时器和限位开关的中断模式，进入主循环之后等待串口屏传输数据，然后根据串口屏的指令，控制电机转动或者设置电机速度。

滴答定时器任务：每隔 1 ms 中断一次，在中断中计时 100 ms，然后查询是否触发外部中断事件。若触发则发送限位开关的状态到串口屏用于指示状态。同时查询输出的脉冲数并转换成距离发送到串口屏。

定时器比较中断：输出一个脉冲中断 2 次，在中断中更新比较器控制速度，并记录输出的脉冲数。

整个过程，只要使能定时器，就会进入定时器的比较中断输出脉冲并且计数，同时每隔 100 ms 查询一次位置和限位开关的状态，并发送到串口屏，碰到限位开关就直接停止。

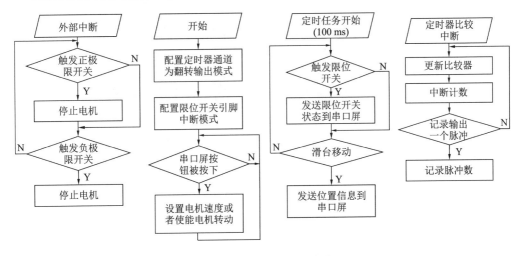

图 3.6.14　主要代码流程图

3.6.4　实验内容

① 使用 YS-F4Pro 控制 57 步进电机转动。
② 计算步进电机转速对应的脉冲频率。
③ 使用示波器观察控制脉冲的频率。
④ 使用步进电机做精准控制位置运动。

3.6.5　实验步骤

① 将 HMI 串口屏的连接线接到 YS-F4Pro 的接口上。
② 将实验 3.6 例程烧录到 YS-F4Pro 开发板上。

③ 在HMI串口屏上按以下顺序操作进入57步进电机控制界面（图3.6.15）："实验选项"→"57步进电机"。

④ 单击"启动"按钮，启动电机转动。

⑤ 电机正转和反转，观察电机转动速度。

⑥ 使用示波器观察控制信号波形。

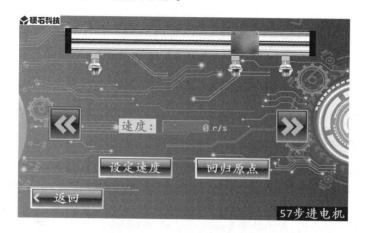

图3.6.15 步进电机控制界面

3.6.6 实验报告要求

① 思考：如果需要电机高速运转，怎样才能不会堵转？

② 使用示波器观察主控板输出脉冲频率与电机转速，探讨代码效率对电机转速的影响。

③ 思考：还可以使用哪种方法提高电机控制效率？

3.7 6步PWM方波输出实验

3.7.1 实验目的

① 掌握同时输出6步PWM的方法；

② 熟练使用STM32定时器互补通道输出功能。

3.7.2 实验器材

① YS-ExBox 电机控制实验箱；

② YS-F4Pro 工业 & 运动控制开发板；

③ HMI 串口屏；

④ 逻辑分析仪。

3.7.3 实验原理

控制 BLDC 的一种常用方法是使用 6 步 PWM 控制，使用 STM32 的高级定时器可以同时输出 6 路 PWM 波形。

（1）定时器互补通道

STM32 定时器分为高级定时器、普通定时器、基本定时器。高级定时器功能众多，其中包括互补输出通道。每一个高级定时器都有 4 路主输出通道，三个通道具有互补输出通道。无刷直流电机需要控制三组桥臂、6 个 MOS 管，这时就需要用到定时器带有互补输出的这三组通道。

STM32 定时器互补输出通道结构框图如图 3.7.1 所示。计数器和比较器进行比较之后，将输出一个参考信号电平（OCxREF）；参考信号经过死区发生器之后，在两个输出通道都插入一段死区时间，由模式选择位来决定是带死区输出还是不带死区输出，最后通过极性控制，得到需要的电平。

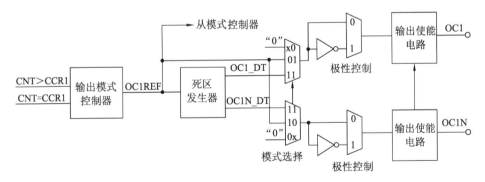

图 3.7.1 STM32 定时器互补输出通道结构框图

PWM 信号用于控制 MOS 管的开关和闭合，MOS 管关断时的下降沿和导通时的上升沿所用的时间是不一致的。PWM 互补信号控制是同步的，但反映到 MOS 管的响应动作却是不同步的，有可能会出现同时导通的情况，死区时间就是为了防止两个通道同时输出高电平。正常情况下的死区控制如图3.7.2所示，在参考信号的上升沿和下降沿都分别插入一段延迟时间。

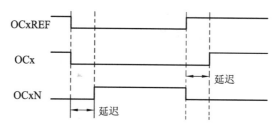

图3.7.2　死区控制

死区插入时间对每一个通道都是一样的，并不一定需要使用死区发生器，可以直接将参考信号输出到互补通道上。极性控制的作用就是控制输出电平的极性，如图3.7.3所示。

这三组通道的PWM信号频率都是一致的，但是同一个周期内的占空比可以通过设置不同的比较值而有所不同，使得每一路输出通道都有单独的控制波形，如图3.7.3所示。

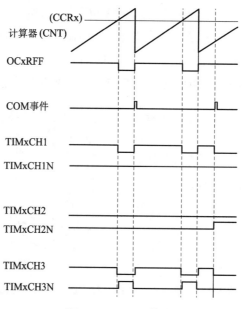

图3.7.3　PWM信号

6步PWM输出并不需要6个通道同时输出PWM信号，而是为了控制BLDC电机做准备。对于BLDC采用H_PWM-L_ON的控制方法，控制BLDC

时，控制上桥臂的是 PWM 信号，下桥臂是全导通的状态。BLDC 驱动板上任意一组半桥的两个 MOS 管是连接到同一组互补输出通道上的。6 步 PWM 方波实现效果如图 3.7.4 所示，每一时刻都有两个 MOS 管是导通的，一个是高端输出 PWM，另一个是低端输出高电平，对应过来就是 CHx 控制上桥臂输出 PWM 信号，CHxN 控制下桥臂输出高电平。

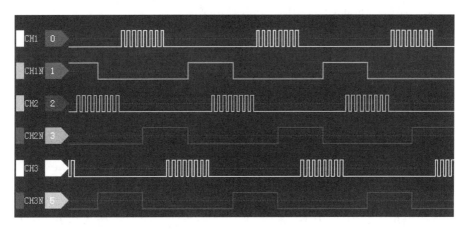

图 3.7.4　6 步 PWM 方波实现效果

（2）软件实现

① 高级定时器输出脉冲。

实验箱使用无刷电机接口 2（图 3.7.5）来控制 BLDC 电机，无刷电机接口 2 输出的是 6 步 PWM 方波脉冲。

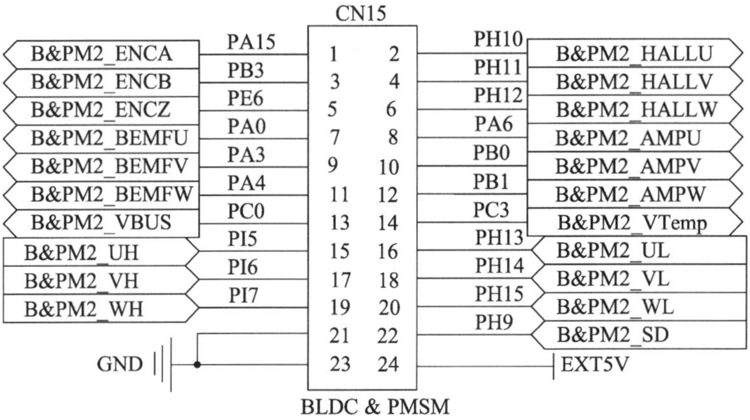

图 3.7.5　无刷电机接口 2 示意图

输出 6 步 PWM 方波需要使用高级定时器的互补通道。TIM8 包含 6 个通道，分别是 PI5、6、7，互补通道 PH13、14、15。互补通道配置如图 3.7.6 所示。

```
01 /* 死区和刹车配置 */
02 sBreakDeadTimeConfig.OffStateRunMode = TIM_OSSR_ENABLE;
03 sBreakDeadTimeConfig.OffStateIDLEMode = TIM_OSSI_ENABLE;
04 sBreakDeadTimeConfig.LockLevel = TIM_LOCKLEVEL_OFF;
05 sBreakDeadTimeConfig.DeadTime = 0;
06 sBreakDeadTimeConfig.BreakState = TIM_BREAK_ENABLE;
07 sBreakDeadTimeConfig.BreakPolarity = TIM_BREAKPOLARITY_HIGH;
08 sBreakDeadTimeConfig.AutomaticOutput = TIM_AUTOMATICOUTPUT_DISABLE;
09 HAL_TIMEx_ConfigBreakDeadTime(&htimx_BLDC, &sBreakDeadTimeConfig);
10
11 /* 输出比较通道配置成 PWM 模式 */
12 sPWMConfig1.OCMode = TIM_OCMODE_PWM1;
13 sPWMConfig1.Pulse = (uint16_t)(BLDCMOTOR_TIM_PERIOD * PWM_DUTY);
14 sPWMConfig1.OCPolarity = TIM_OCPOLARITY_HIGH;
15 sPWMConfig1.OCNPolarity = TIM_OCNPOLARITY_HIGH;
16 sPWMConfig1.OCFastMode = TIM_OCFAST_DISABLE;
17 sPWMConfig1.OCIdleState = TIM_OCIDLESTATE_SET;
18 sPWMConfig1.OCNIdleState = TIM_OCNIDLESTATE_SET;
19 HAL_TIM_PWM_ConfigChannel(&htimx_BLDC, &sPWMConfig1, TIM_CHANNEL_1);
```

图 3.7.6　互补通道配置

3 组输出通道配置相同，都是 PWM 输出模式，输出极性是高电平有效，互补通道也是高电平有效。同时，在死区配置时还使能了空闲模式和运行模式的关断状态。这样的话，在关闭某一个输出通道的时候，该通道的输出电平就由输出极性控制。软件触发换相配置如图 3.7.7 所示。

```
01 /* 配置换相触发：由软件触发换相 */
02 HAL_TIMEx_ConfigCommutationEvent_IT(&htimx_BLDC, TIM_TS_NONE,
03 TIM_COMMUTATION_SOFTWARE);
```

图 3.7.7　软件触发换相配置

实验例程使用了一个 COM 事件来触发一个中断，在滴答定时器中断里面使用软件触发高级定时器的 COM 事件，从而在高级定时器上触发一个中断，然后在中断中修改输出脉冲相序。COM 事件中断执行换相操作如图 3.7.8 所示。

```
01  /* 定义定时器输出通道1为A相 输出通道2为B相，输出通道3为C相 */
02  if(uwStep == 0)// A+C-
03  {
04      /* 关断B相 */
05      Stop(TIM_CHANNEL_2);
06      Stop(TIM_CHANNEL_2N);
07
08      /* 下一步: A相输出PWM波形 */
09      Start(TIM_CHANNEL_1，PWM_DUTY);
10      /* C相互补通道输出高电平 */
11      Start(TIM_CHANNEL_3N,PWM_DUTY * 100% );
12  }
13  if(uwStep == 1)// A+ B-
14  {
15      /* 关断C相互补通道 */
16      Stop(TIM_CHANNEL_3N);
17      /* B相互补通道输出高电平 */
18      Start(TIM_CHANNEL_2N，PWM_DUTY * 100% );
19  } else if (uwStep == 2) // C+ B-
20  {
21      /* 关断A相 */
22      Stop(TIM_CHANNEL_1);
23      /* C相输出PWM */
24      Start(TIM_CHANNEL_3，PWM_DUTY);
25  } else if (uwStep == 3) // C+ A-
26  {
27      /* 关断B相互补通道 */
28      Stop(TIM_CHANNEL_2N);
29      /* A相互补通道输出高电平 */
30      Start(TIM_CHANNEL_1N,PWM_DUTY * 100% );
31  } else if (uwStep == 4) // B+ A-
32  {
33      /* 关断C相 */
34      Stop(TIM_CHANNEL_3);
35      /* B相输出PWM */
36      Start(TIM_CHANNEL_2，PWM_DUTY);
37  }
38
39  else if (uwStep == 5)// B+ C-
40  {
41      /* 关断A相互补通道 */
42      Stop(TIM_CHANNEL_1N);
43      /* C相输出高电平 */
44      Start(TIM_CHANNEL_3N, PWM_DUTY * 100%);
45  } else if (uwStep == 6) // A+ C-
46  {
47      /* 关断B相 */
48      Stop( TIM_CHANNEL_2);
49      /* A相输出PWM */
50      Start(TIM_CHANNEL_1);
51  }
```

图3.7.8　COM事件中断执行换相操作

将三组互补通道分别命名为A、B、C，CH1输出PWM波形就是A+，CH1N输出高电平就是A-。两个通道都是低电平时是没有输出的。

触发换相之前，所有通道都处于关闭状态，也就是所有通道都是低电平。这个时候触发换相，CH1将输出PWM，CH3N将输出高电平，也就对应着A+C-。之后每一次换相都会有一个通道的状态改变。例如：当uwStep==1时，CH3N关闭，开启CH2N，状态由A+C-变为A+B-，CH1输出PWM，CH2N输出高电平的。以此类推，总共有6步，换相6次就是一个周期，这就是6步换相。互补通道是以100%的占空比来输出高电平的，只要修改占空比就可以6个通道都输出PWM波形。

② 主要代码流程。

主流程：先初始化高级定时器的 6 步 PWM 输出通道，然后等待串口的指令，串口屏的按钮按下之后，使能定时器输出，如图 3.7.9 所示。

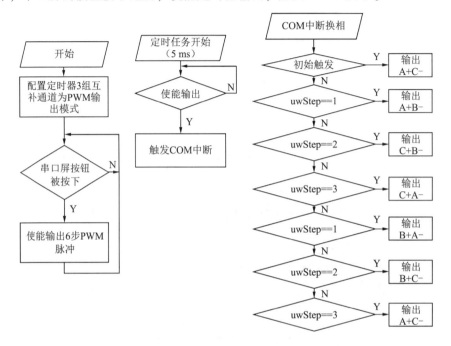

图 3.7.9　主要代码流程图

滴答定时器任务：每隔 1 ms 就触发一次中断，计数到 5 ms 之后触发一次 COM 事件中断换相，可以调整触发 COM 中断的时间间隔。

COM 中断事件：先判断当前 uwStep 状态，然后输出对应的波形，再返回等待 5 ms 一次的换相事件。

3.7.4　实验内容

① 编程实现 6 路 PWM 输出。

② 使用逻辑分析仪捕获脉冲波形。

③ 分析脉冲波形与控制方法。

3.7.5　实验步骤

① 将 HMI 串口屏的连接线接到 YS-F4Pro 的接口上。

② 将实验 3.7 例程烧录到 YS-F4Pro 开发板上。

③ 在 HMI 串口屏上按以下顺序操作进入 6 通道 PWM 输出界面（图 3.7.10）："实验选项"→"无刷直流电机"。

④ 单击"启动"按钮，输出 6 步 PWM 方波脉冲。

⑤ 使用逻辑分析仪捕获 PI5、PI6、PI7、PH13、PH14、PH15 引脚的信号波形。

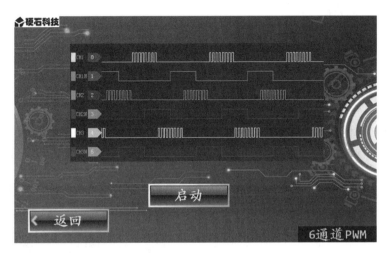

图 3.7.10　6 通道 PWM 输出界面

3.7.6　实验报告要求

① 绘出逻辑分析仪的捕获波形。

② 思考：6 步 PWM 输出如何控制 BLDC 电机？

3.8　BLDC 和 PMSM 驱动实验

3.8.1　实验目的

① 掌握 PWM 输出与霍尔传感器输入的关系；

② 使用霍尔传感器驱动 BLDC 和 PMSM 电机；

③ 了解 BLDC 和 PMSM 的机械机构。

3.8.2 实验器材

① YS-ExBox 电机控制实验箱；

② YS-F4Pro 工业 & 运动控制开发板；

③ HMI 串口屏；

④ 无刷驱动板；

⑤ BLDC 电机/PMSM 电机；

⑥ 逻辑分析仪/示波器。

3.8.3 实验原理

（1）无刷直流电机

无刷直流电机可配置为单相、两相和三相，定子绕组的数量与其类型对应。其中三相电机最受欢迎，用量最多，所以本实验主要讨论三相电机。

定子由铸钢叠片组成，绕组置于沿内部圆周轴向开凿的槽中。多数无刷电机都有三个星形连接的定子绕组，如图3.8.1所示。

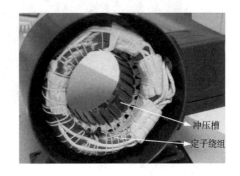

图 3.8.1　定子

转子由永磁体制成，可有2到8对磁极，南磁极和北磁极交替排列。转子磁体的安装方法有三种：第一种是使用圆形铁芯，磁极分布在铁芯的圆周上［图3.8.2（a）］；第二种是同样使用圆形铁芯，矩形磁极嵌在转子上［图3.8.2（b）］；第三种是使用圆形铁芯，矩形磁极插入转子铁芯中［图3.8.2（c）］。

(a) 在圆周上　　(b) 嵌入转子　　(c) 插入铁芯

图 3.8.2　无刷电机的转子安装方式

无刷直流电机（图 3.8.3）的换向是以电子换向的方式来控制的。要使无刷电机转动，必须按照一定的顺序给定子绕组通电。为了确定通电顺序，知道转子的位置很重要。转子的位置由定子中嵌入的霍尔效应传感器检测。多数 BLDC 电机在其定子内嵌入三个霍尔传感器，每当转子磁极经过霍尔传感器附近时，他们便会发出一个高电平或者低电平信号，表示北磁极或南磁极正经过该传感器，如图 3.8.4 所示。

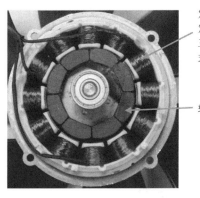 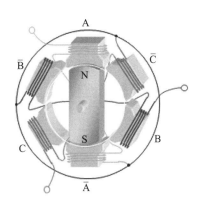

图 3.8.3　无刷直流电机实物图　　　图 3.8.4　无刷直流电机简化结构图

BLDC 和 PMSM 电机结构上直接观察无明显区别，最大的区别在于定子线圈绕组的绕线方法不同，从而反电动势的波形也不同。BLDC 电源电压和反电动势呈梯形，每过 60°，定子磁链位置会换向。PMSM 电源电压和反电动势呈正弦形式，定子磁链位置连续变化，都可以使用同样的结构图来分析。BLDC 运行参照有刷直流电机原理，只是反过来让磁钢转动，用电子元件取代换向器，开关频率低，转矩脉动大。PMSM 运行参照同步发电机的原理，开关频率高，转矩脉动小，电机输出力量基本无波动。

一般来说，BLDC 使用 6 步方波脉冲驱动，PMSM 则使用正弦波来驱动，实际上驱动程序是可以通用的，但是却无法发挥出该电机最好的性能，所以还是使用对应的方式来驱动为宜。

（2）霍尔信号

霍尔效应：磁场会对位于其中的带电导体内运动的电荷载流子施加一个垂直于其运动方向的力，该力会使正负电荷分别积聚到导体的两侧。这在薄而平的导体中尤为明显。电荷在导体两侧的积累会平衡磁场的影响，建立稳定的电势差。产生这一电势差的过程就叫作霍尔效应。

霍尔传感器是根据霍尔效应制作的一种磁场传感器，它可以有效地反映通过霍尔元件的磁密度（图 3.8.5）。

(a) 有正向磁场通过霍尔，输出"1"　　(b) 有反向磁场通过霍尔，输出"0"

图 3.8.5　霍尔传感器

无刷直流电机内部安装有 3 个霍尔传感器用于指示转子位置，有霍尔传感器的 BLDC 电机横截面及其霍尔传感器安装示例分别如图 3.8.6、图 3.8.7 所示。

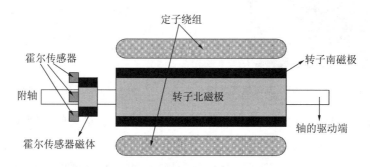

图 3.8.6　BLDC 电机横截面

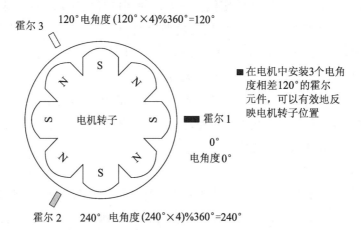

图 3.8.7　霍尔传感器安装示例

注意 机械角度是指电机转子的旋转角度,由 θ_m 表示;电角度是指磁场的旋转角度,由 θ_e 表示。当转子为一对极时,$\theta_m = \theta_e$;当转子为 n 对极时,$n \times \theta_m = \theta_e$。

当霍尔在和电机的转子做相对运动时,会随着转子磁密度的变化,产生变化的信号,如图 3.8.8 所示。

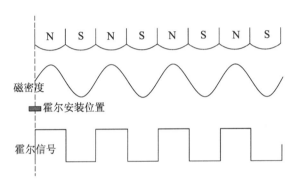

图 3.8.8　霍尔信号

当电机按一定方向转动时,3 个霍尔的输出会按照 6 步的规律变化,如图 3.8.9 所示。

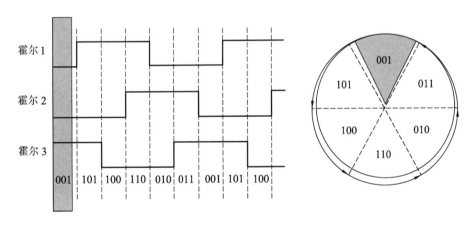

图 3.8.9　120°霍尔传感器旋转信号

三相霍尔信号相隔 120°电角度,也就是每个跳变边沿相差 60°电角度,每转过 60°电角度,其中一个霍尔传感器就会改变状态。因此,完成一个电周期需要 6 步,每转过 60°电角度,相电流切换一次。

60°霍尔传感器旋转信号如图 3.8.10 所示,同样是 60°电角度切换一次状态。

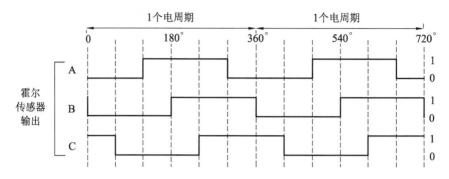

图 3.8.10　60°霍尔传感器旋转信号

STM32 使用定时器的 3 个通道来作为霍尔传感器的接口，定时器的 3 个通道通过内部结构异或连接在一起，每个霍尔信号的跳变都可以引起 TI1 上发生跳变，通过检测这个跳变的信号就可以知道霍尔信号发生变化，从而可以修改输出换相。定时器的霍尔传感器接口如图 3.8.11 所示。

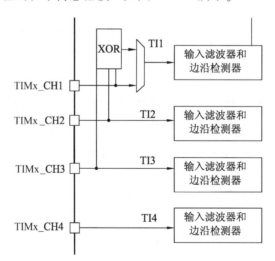

图 3.8.11　定时器的霍尔传感器接口

（3）6 步换相

无刷直流电机的 6 步换相方式，每次给电机的两个绕组通直流电，形成一个合成的磁场，然后按顺序改变通电的绕组，形成旋转磁场，磁场就可以带动转子转动，这就是 6 步换相方式，如图 3.8.12 所示。

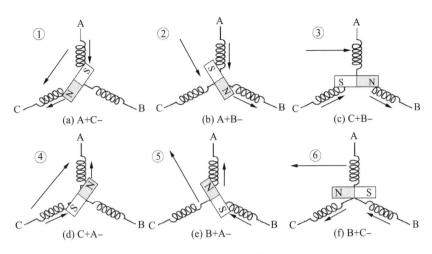

图 3.8.12　6 步换相顺序

通过上面的演示过程，我们可以明显看出，想要控制 BLDC 旋转，根本的问题就是产生这 6 拍工作方式的电压信号（称为 BLDC 的 6 步换相）。举个例子，假定一个 BLDC 的额定电压为 24 V，电机的 3 根线就定义为 A（U）、B（V）、C（W）：

① 为 A 接 24 V、B 悬空、C 接 GND，此时对应图 3.8.12（a），电机转轴就旋转一个角度，被固定在一个位置；

② 为 A 接 24 V、B 接 GND、C 悬空，此时对应图 3.8.12（b），电机转轴就旋转一个角度，达到另外一个位置；

③ 为 A 悬空、B 接 GND、C 接 24 V，此时对应图 3.8.12（c），电机转轴就旋转一个角度，达到另外一个位置；

④ 为 A 接 GND、B 悬空、C 接 24 V，此时对应图 3.8.12（d），电机转轴就旋转一个角度，达到另外一个位置；

⑤ 为 A 接 GND、B 接 24 V、C 悬空，此时对应图 3.8.12（e），电机转轴就旋转一个角度，达到另外一个位置；

⑥ 为 A 悬空、B 接 24 V、C 接 GND，此时对应图 3.8.12（f），电机转轴就旋转一个角度，达到另外一个位置。

如果电机转子位于位置⑥，那么给电机三相控制线按照③的方式通电会有什么后果呢？答案很明显，就是电机不转甚至反转。这里就体现出通电顺序与电机转子之间对应的关系了，必须给定子按照一定的顺序来通电才能正常驱动电机，而这个顺序则是由霍尔传感器来决定的，因为霍尔传感器能够检测出转子的位置。

根据霍尔信号可以得到换相表格（表 3.8.1），不同种类的电机的换相顺序与霍尔之间的关系可能不同，具体要看厂家提供的说明文档。表格说明了 6 个霍尔状态下 6 个 MOS 管的开关状态，A+和 A−分别代表着控制 A 相绕组的高端和低端 MOS 管的开关状态。若 A−和 B+都开通，则说明电流方向是 B 相→A 相。

表 3.8.1 BLDC 方向相序控制

	霍尔#3	霍尔#2	霍尔#1	A+	A−	B+	B−	C+	C−	方向
CCW	1	0	1	关闭	开通	开通	关闭	关闭	关闭	↑
	1	0	0	关闭	关闭	开通	关闭	关闭	开通	↑
	1	1	0	开通	关闭	关闭	关闭	关闭	开通	↑
	0	1	0	开通	关闭	关闭	开通	关闭	关闭	↑
	0	1	1	关闭	关闭	关闭	开通	开通	关闭	↑
	0	0	1	关闭	开通	关闭	关闭	开通	关闭	↑
CW	1	0	1	开通	关闭	关闭	开通	关闭	关闭	↓
	1	0	0	关闭	关闭	关闭	开通	开通	关闭	↓
	1	1	0	关闭	开通	关闭	关闭	开通	关闭	↓
	0	1	0	关闭	开通	开通	关闭	关闭	关闭	↓
	0	1	1	关闭	关闭	开通	关闭	关闭	开通	↓
	0	0	1	开通	关闭	关闭	关闭	关闭	开通	↓

从上面表格可以看出，当霍尔信号为 001，给予 C+A−的信号时，转动方向是逆时针转动，下一个霍尔信号是 011；给予 A+C−的信号时，转动方向是顺时针转动，下一个霍尔信号是 101。

（4）硬件驱动电路

驱动无刷直流电机的关键在于检测转子位置和控制 A、B、C 相的电压，无刷直流电机驱动板上使用了 3 个半桥臂（3 组桥臂）来组成一个三相逆变器，这里每一个桥臂都有两个电子开关，可选功率 MOSFET 或者 IGBT。

通过 3 个半桥组成的逆变器可以任意控制无刷电机中每一相绕组的电压，但是每一个绕组的具体通电顺序却无法确定，因为在起始位置，转子的位置是任意的。要求驱动的时候必须知道转子的位置。

一组半桥臂使用的驱动芯片是 IR2100S，该芯片具有独立的低端和高端输入通道，其高端工作电压可达 500 V，工作频率可达 500 kHz。实际的应用驱动电路如图 3.8.13 所示。

第 3 章 STM32 电机控制实验（基础驱动）

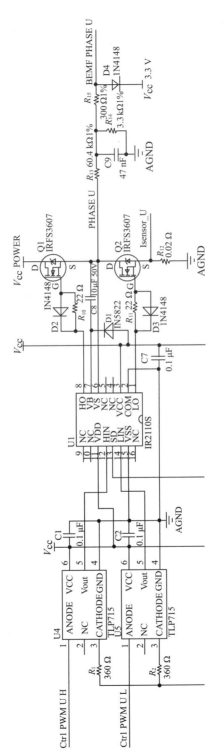

图 3.8.13 实际的应用驱动电路

这里 D2 和 D3 的作用是加快关断速度。MOS 的栅极和源极之间存在一个比较大的寄生电容,这个电容是提高 MOS 开关速度的首要瓶颈。而电阻给电容充放电时,由于电阻的限流作用,电容的电压突变都相对比较平缓;而当引入二极管后,由于二极管没有限流作用,理论上电流峰值可以达到无穷大,在该电路中可起到加速给栅极电容放电的目的——提高关断速度。在下桥臂连接到 GND 的一段还有一个 20 mΩ 的电流采样电阻,采样电阻两端的电压经过一个运放之后连接到 MCU 的 ADC 通道,通过采样电阻的电压值即可计算出电机绕组的电流。输入信号则使用两个高速光耦来做隔离。光耦的输出是同相输出,如图 3.8.14 所示。霍尔传感器接口使用 3 个 1 kΩ 上拉电阻连接到 3.3 V,还可以使用外部电源单独给霍尔传感器供电,同时还接了一个 22 pF 的电容做滤波处理,如图 3.8.15 所示。

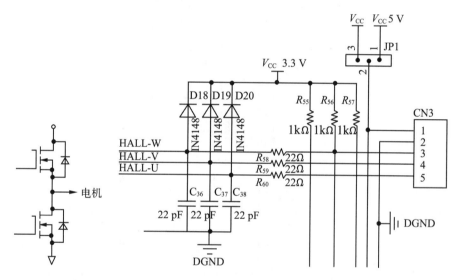

图 3.8.14　半桥臂　　　　　图 3.8.15　霍尔传感器接口

(5) 软件实现

① COM 事件。

控制 BLDC 时,换相时机是由霍尔信号决定的。当捕获到一个霍尔信号,霍尔传感器接口可以输出一个信号给高级定时器,高级定时器根据这个信号触发一个中断事件,从而配置 6 个通道的输出模式,这个中断事件就是 COM 事件。无刷电机在换相时需要三相同时切换。因为 STM32 是按顺序执行指令的,若使用软件方式,则做不到同时;若使用 COM 事件,则可以将当前的配置进行预装载,当下一次的 COM 事件来临时,就可以使用上一次 COM 事件里面的配置来控制输出模式，从而达到在硬件级别上的同时切换相序。

使用 COM 事件时，霍尔传感器接口的定时器作为主定时器，捕获到霍尔信号时触发 COM 事件，高级定时器则在 COM 事件来临时配置 6 个 PWM 输出通道下一步的相序，所以在配置 PWM 输出相序的时候，需提前配置。以图 3.8.12 为例，当电机转子位于②时，需要对 STM32 配置输出相序为③，那样等转子位于③时，输出的相序就跟图中的③对应上了。同样当转子位于③的时候，在中断里面的配置输出相序应为④，以此类推。

因此，第一步时不能提前配置下一步的相序，于是在程序中就有了如图 3.8.16 所示的两个非常接近的函数。

```
01 void HAL_TIMEx_CommutationCallback(TIM_HandleTypeDef *htim);
02 void TheFirstSequence();
```

图 3.8.16　BLDC 换相程序

第一个函数就是在电机运行时由霍尔接口的定时器触发的 COM 时间中断回调函数。在这个函数里面读取霍尔传感器引脚状态，然后配置下一步的相序。

第二个函数则是启动时的相序，直接读取当前的霍尔接口引脚状态，然后配置 PWM 输出。这两个函数主题非常接近，差异是在相同的霍尔状态下，给电机通电的顺序不同。

在启动电机时也是先调用 TheFirstSequence () 函数，然后再配置下一步的相序，下一次的 COM 事件来临时便可按照正确的顺序驱动电机。启动 BLDC 电机配置如图 3.8.17 所示。

```
01 void Enable_BLDC(void)
02 {
03     /* 使能霍尔传感器接口 和 PWM 输出功能 */
04     HAL_TIMEx_HallSensor_Start(&htimx_HALL);
05     TheFirstSequence();
06     HAL_TIM_GenerateEvent(&htimx_BLDC,TIM_EVENTSOURCE_COM);
07     __HAL_TIM_CLEAR_FLAG(&htimx_BLDC,TIM_FLAG_COM);
08     HAL_TIMEx_CommutationCallback(&htimx_BLDC);
09 }
```

图 3.8.17　启动 BLDC 电机配置

在程序当中，定义了高级定时器的 OC1/OC1N 为 A（U）相，OC2/OC2N 为 B（V）相，OC3/OC3N 为 C（W）相，uwStep 低 3 位为霍尔传感器引脚状态，且 IC1（001，U），IC2（010，V），IC3（100，W）。IC1 为 1 时，uwStep

的最低位也是 1，也就是 001，每次换相时都只有一个引脚会改变状态。

读取霍尔信号的状态之后，执行换相操作，若刚启动电机，则无需提前一步。图 3.8.18 中的代码没有提前换相的配置操作。

```
01  void TheFirstSequence()
02  {
03      /* 获取霍尔传感器引脚状态,作为换相的依据 */
04      __IO uint32_t tmp = 0;
05      uwStep = HallSensor_GetPinState();
06      if (Dir == MOTOR_DIR_CW) {
07          uwStep = (uint32_t)7 - uwStep; // 根据顺序表的规律 CW = 7 - CCW;
08      }
09      switch (uwStep) {
10      case 1:
11          //C+ A-
12          break;
13      case 2:
14          //A+  B-
15          break;
16      case 3:
17          // C+ B-
18          break;
19      case 4:
20          // B+ C-
21          break;
22      case 5:
23          // B+ A-
24          break;
25      case 6:
26          // A+ C-
27          break;
28      }
29      Lock_Time = 0;
30  }
```

图 3.8.18　第一步换相函数配置

第一步之后的换相顺序是在表 3.8.1 的基础上提前一步换相，逆时针转动和顺时针转动的顺序是不一样的，所以需要按照控制转向进行换相。COM 事件中断函数配置如图 3.8.19 所示。

```
01  void HAL_TIMEx_CommutationCallback(TIM_HandleTypeDef *htim)
02  {
03      /* 获取霍尔传感器引脚状态,作为换相的依据 */
04      __IO uint32_t tmp = 0;
05      uwStep = HallSensor_GetPinState();
06      if (Dir == MOTOR_DIR_CW) {
07          CW_Sequence( uwStep );
08      } else {
09          CCW_Sequence( uwStep );
10      }
11      Lock_Time = 0;
12  }
```

图 3.8.19　COM 事件中断函数配置

② 主要代码流程。

主要代码流程如图 3.8.20 所示。

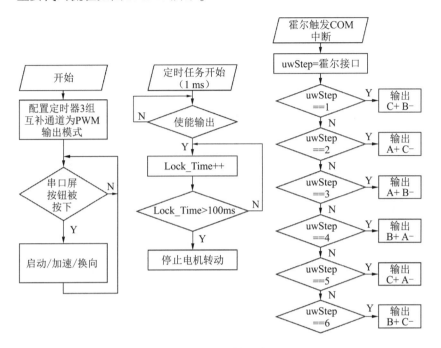

图 3.8.20　主要代码流程图

主函数只有在串口屏按钮被按下时才会有动作，接收到串口屏的数据时根据指令控制电机启动、停止、加速、减速或者换向。

定时任务：使用滴答定时器来监控电机是否堵转，每 1 ms 中断一次，在中断中使变量 Lock_Time 递增，在 COM 事件中清 0，如果 Lock_Time 超过 100，即超过 100 ms 没有触发霍尔中断，即认为堵转，电机停止转动。

霍尔信号触发中断：读取霍尔信号，然后根据霍尔信号配置下一步的输出相序。

3.8.4　实验内容

① 编程实现控制 BLDC 电机转动。

② 使用逻辑分析仪/示波器捕获脉冲波形。

③ 分析脉冲波形与控制相序。

3.8.5 实验步骤

① 将 HMI 串口屏的连接线接到 YS-F4Pro 的接口上。

② 将实验 3.8 例程烧录到 YS-F4Pro 开发板上。

③ 在 HMI 串口屏上按以下顺序操作进入 BLDC 电机控制界面（图 3.8.21）："实验选项"→"无刷直流电机"。

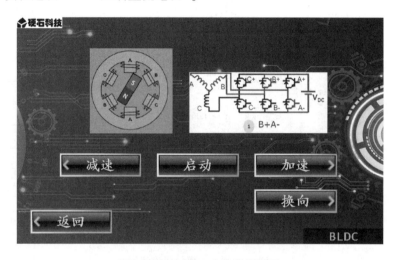

图 3.8.21　BLDC 电机控制界面

④ 单击"启动"按钮，使能电机转动。

⑤ 使用逻辑分析仪捕获 PI5、PI6、PI7、PH13、PH14、PH15 引脚的信号波形，信号捕获可以在驱动板上的光耦输入、输出端测量出来。

3.8.6 实验报告要求

① 绘出逻辑分析仪/示波器的捕获波形，与 6 步 PWM 方波输出实验进行对比。

② 思考：由 6 步 PWM 输出到控制 BLDC 电机的方法是什么？

③ 思考：控制 BLDC 电机的转速和转动圈数的方法是什么？

第 4 章

STM32 电机控制实验（高级驱动）

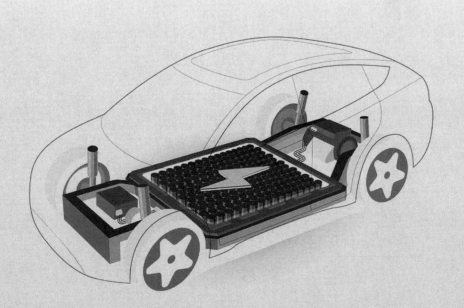

4.1 有刷直流电机速度闭环控制实验

4.1.1 实验目的

① 掌握 PID 算法原理；
② 掌握 PID 算法的使用方法；
③ 掌握有刷直流电机的速度闭环控制。

4.1.2 实验器材

① YS-ExBox 电机控制实验箱；
② YS-F4Pro 工业 & 运动控制开发板；
③ HMI 串口屏；
④ 有刷电机驱动板；
⑤ 减速比为 1∶30 的有刷直流电机。

4.1.3 实验原理

（1）模拟 PID 算法

所谓 PID 算法就是比例（proportional）、积分（integral）、微分（differential）算法，即一个根据输入偏差调整实际输出值的算法。PID 算法具有通用性强、原理简单、容易被掌握、控制效果好等特点。电机闭环控制原理如图 4.1.1 所示。

图 4.1.1 电机闭环控制原理

PID 控制是一种闭环控制系统，被控对象的输出会反馈回来影响控制器的输出，形成一个环形。根据被控制对象的特点，有速度环、位置环、电流环之分。

输入偏差：
$$e(t) = n_0(t) - n(t) \tag{4.1.1}$$
式中，e 为输入偏差，n_0 为给定的目标值，n 为通过反馈得到的被控对象的实际值。当需要电机以 1 000 r/s 的速度转动时，1 000 r/s 就是给定的目标值，但编码器反馈的速度值是 900 r/s，那么输入偏差就是 1 000-900=100。静态偏差则是指在系统稳定时的输入偏差。

模拟 PID 控制器的控制规律：
$$u(t) = K_p \left[e(t) + \frac{1}{T_i} \int_0^t e(t) \,\mathrm{d}t + T_d \frac{\mathrm{d}e(t)}{\mathrm{d}t} \right] \tag{4.1.2}$$

式中，K_p 为控制器的比例系数；T_i 为控制器的积分时间，也称积分系数；T_d 为控制器的微分时间，也称微分系数；$K_p e(t)$ 为比例环节，成比例地反映控制系统的偏差信号，作用是对偏差瞬间做出反应。偏差一旦产生，控制器立即产生控制作用，以减小偏差，控制作用的强弱取决于比例系数，比例系数越大，控制作用越强，静态偏差也就越小；$\frac{K_p}{T_i} \int_0^t e(t) \,\mathrm{d}t$ 为积分环节，主要消除静态偏差，提高系统的无差度，积分作用的强弱取决于积分时间常数 T_i，T_i 越大，积分作用越弱，反之则越强；$K_p T_d \frac{\mathrm{d}e(t)}{\mathrm{d}t}$ 为微分环节，反映了偏差信号的变化趋势，并能在偏差信号变得太大之前，在系统中引入一个有效的早期修正信号，从而加快系统的动作速度，减少调解时间；作用强弱由 T_d 决定，T_d 越大，抑制偏差变化的作用越强，T_d 越小，则抑制偏差变化的作用越弱。

最后的输出是将这 3 个环节累加起来，由 3 个环节互相组合输出到被控对象里。在 PID 控制里，并不是所有参数都需要用到，而是根据不同的情况选择任意两种或 3 种组合使用，甚至只是用比例环节，也就是直接对输入偏差做比例运算然后直接作用于被控对象。模拟 PID 控制系统框图如图 4.1.2 所示。

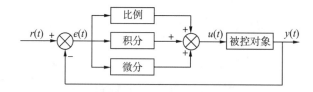

图 4.1.2　模拟 PID 控制系统框图

(2) PID 算法离散表达式

由于计算机控制是一种采样控制,它只能根据采样时刻的偏差计算控制量,而不能像模拟控制那样连续输出控制量连续控制,所以需要对公式做离散化处理之后才能用于计算机。若采样频率足够大,则可以认为计算输出是连续的。

以 T 为采样周期,k 为采样序号,则离散采样时间 kT 对应着连续时间 t,用矩形积分近似代替积分运算,用一阶后向差分近似代替微分,可做以下位置式 PID 算法近似变换:

$$\begin{cases} t \approx kT \quad (k=0,1,2,\cdots) \\ \int_0^t e(t)\mathrm{d}t \approx T\sum_{j=0}^k e(j) = T\sum_{j=0}^k e_j \\ \dfrac{\mathrm{d}e(t)}{\mathrm{d}t} \approx \dfrac{e(kT)-e[(k-1)T]}{T} = \dfrac{e_k - e_{k-1}}{T} \end{cases} \quad (4.1.3)$$

得到离散 PID 表达式:

$$u_k = K_\mathrm{p} \times e_k + K_\mathrm{i}\sum_{j=0}^k e_j + K_\mathrm{d}(e_k - e_{k-1}) \quad (4.1.4)$$

式中,k 为采样序号,$k=0,1,2,\cdots$;u_k 为第 k 次采样时刻的计算机输出值;e_k 为第 k 次采样时刻输入的偏差值;e_{k-1} 为第 $k-1$ 次采样时刻输入的偏差值;K_p 为比例系数;K_i 为积分系数,且有

$$K_\mathrm{i} = K_\mathrm{p} \times T/T_\mathrm{i}$$

K_d 为微分系数,且有

$$K_\mathrm{d} = K_\mathrm{p} \times T_\mathrm{d}/T$$

离散化之后的 PID 计算公式将常数化简为 3 个系数 K_p、K_i、K_d,这样只需要调整 3 个系数就可以调整 PID 的输出结果。

PID 的计算公式给出了全部控制量的大小,因此被称为全量式或位置式 PID 控制算法。这种算法的缺点是每次输出均与过去的状态有关,计算时对 e_k 进行累加,工作量大,如果计算机出现故障,u_k 将大幅度变化,会引起执行机构的大幅度变化,有可能因此造成严重的生产事故,这在实际生产中是不允许的。

(3) 增量式 PID 算法

依据位置式 PID 算法,在前后两次采样时刻的输出值增量为

$$\Delta u_k = u_k - u_{k-1}$$

$$= K_p \left(e_k - e_{k-1} + \frac{T}{T_i} e_k + T_d \frac{e_k - 2e_{k-1} + e_{k-2}}{T} \right)$$

$$= K_p \left(1 + \frac{T}{T_i} + \frac{T_d}{T} \right) e_k - K_p \left(1 + \frac{2T_d}{T} \right) e_{k-1} + K_p \frac{T_d}{T} e_{k-2}$$

$$= A e_k - B e_{k-1} + C e_{k-2}$$

式中，

$$A = K_p \left(1 + \frac{T}{T_i} + \frac{T_d}{T} \right)$$

$$B = K_p \left(1 + \frac{2T_d}{T} \right)$$

$$C = K_p \frac{T_d}{T}$$

如果计算机控制系统采用恒定的采样周期 T，一旦确定 A、B、C，只要使用前后三次测量的偏差值，就可以求出控制量的增量。增量式 PID 算法和位置式 PID 算法相比，计算量小很多，因此在实际中得到广泛的应用。但是位置式 PID 的参数整定简单，可以更深刻地反映 PID 算法的精髓，所以本实验使用的例程是位置式 PID 算法。

（4）ID 控制器参数整定

整定调节器参数的方法很多，归纳起来可分为两大类，即理论计算整定法和工程整定法。理论计算整定法包括对数频率特性法和根轨迹法等；工程整定法包括凑试法、临界比例法、经验法、衰减曲线法和响应曲线法等。工程整定法的特点是不需要事先知道过程的数学模型，直接在过程控制系统中进行现场整定，方法简单、计算简便、易于掌握。

下面以 PID 调节器为例，具体整定步骤如下：

① 让调节器参数积分系数等于 0，实际微分系数等于 0，控制系统投入闭环运行，由小到大改变比例系数，让扰动信号做阶跃变化，观察控制过程，直到获得满意的控制过程为止。

② 取比例系数为当前的值乘以 0.83，由小到大增加积分系数，同样让扰动信号做阶跃变化，直至求得满意的控制过程。

③ 积分系数保持不变，改变比例系数，观察控制过程有无改善，如有改

善则继续调整,直到满意为止。否则,将原比例系数增大一些,再调整积分系数,力求改善控制过程。如此反复试凑,直到找到满意的比例系数和积分系数为止。

④ 引入适当的实际微分系数和实际微分时间,此时可适当增大比例系数和积分系数。和前述步骤相同,微分时间的整定也需反复调整,直到控制过程满足要求为止。

具体参数要在现场调试时进行修正。

通过对 PID 控制理论的认识和长期人工操作经验的总结,可知 PID 参数应依据以下几点来适应系统的动态过程:

① 在偏差比较大时,为使尽快消除偏差,提高响应速度,同时为了避免系统响应出现超调,K_p 取大值,K_i 取零;在偏差比较小时,为继续减小偏差,并防止超调过大,产生振荡,稳定性变坏,K_p 值要减小,K_i 取小值;在偏差很小时,为消除静差,克服超调,使系统尽快稳定,K_p 值继续减小,K_i 值不变或稍取大。

② 当偏差与偏差变化率同号时,被控量是朝偏离既定值方向变化。因此,当被控量接近定值时,反号的比例作用阻碍积分作用,避免积分超调及随之而来的振荡,有利于控制;而当被控量远未接近设定值并向设定值变化时,则由于这两项反向,将会减慢控制过程。在偏差比较大时,偏差变化率与偏差异号时,K_p 取零或负值,以加快控制的动态过程。

③ 偏差变化率的大小表明偏差变化的速率,$e_k - e_{k-1}$ 越大,K_p 取值越小,K_i 取值越大,反之亦然。同时,要结合偏差大小来考虑。

④ 微分作用可改善系统的动态特性,阻止偏差的变化,有助于减小超调量,消除振荡,缩短调节时间,允许加大 K_p,使系统稳态误差减小,提高控制精度,达到满意的控制效果。所以,在 e_k 比较大时,K_d 取零,实际为 PI 控制;在 e_k 比较小时,K_d 取一正值,实行 PID 控制。

(5) 采样周期的选择

香农(Shannon)采样定律:为了不失真地复现信号的变化,采样频率至少应大于或等于连续信号最高频率分量的二倍。根据采样定律可以确定采样周期的上限值。实际采样周期的选择还要受到多方面因素的影响,不同的系统采样周期应根据具体情况来选择。

采样周期的选择,通常按照过程特性与干扰大小适当选取采样周期:当响应快、(如流量、压力)波动大、易受干扰时,应选取较短的采样周期;反之,当过程响应慢、(如温度、成分)滞后大时,可选取较长的采样周期。

采样周期的选取应与PID参数的整定进行综合考虑,采样周期应远小于过程的扰动信号的周期,在执行器的响应速度比较慢时,过小的采样周期将失去意义,因此可适当选大一点;在计算机运算速度允许的条件下,采样周期短,控制品质好;当过程的纯滞后时间较长时,一般选取采样周期为纯滞后时间的1/4~1/8。

(6)速度反馈

使用PID控制电机时,用得较多的就是速度控制、位置控制、电流控制,其中速度控制用得最多。电机闭环控制系统如图4.1.3所示。

图 4.1.3 电机闭环控制系统

根据被控对象不同,$n(t)$可以是不同的物理量,这里是指速度值。电机所使用的速度反馈装置一般是编码器,这里以正交增量编码器为例。编码器反馈回来的脉冲数4倍频之后被保存在定时器的计数器(CNT)中,直接读取的只是电机转子的位置而已,并不是速度值,所以需要根据编码器的特性做速度转换。

11线的编码器就是转子转一圈,编码器输出11个脉冲。4倍频就是44个脉冲。同时编码器自带减速齿轮,减速比是30,所以实际的旋转轴转动一圈输出的脉冲数为11×4×30个数值。当定时器的计数器计数到1 320时电机旋转轴就转了一圈。假设采样周期是50 ms,也就是50 ms读取一次定时器的计数器,得到的数值是x,电机转动的位置就是$x/1\ 320$(r),转速就是$x/1\ 320\times$(1 000/50),单位是r/s。如果使用常用的转速单位r/s,即使编码器数值变化1,那么实际显示出来的转速数据会显示变化了(1 000/50)倍。最终造成显示误差跳动很大。若需要使用反馈图像来调整PID参数,则最好就是在设定速度时将r/s为单位的数值转换成一脉冲输出为单位的数值,也就是每个采样周期的脉冲数,调用PID算法函数时使用每周期的脉冲数来作为输入误差。

使用PID算法控制电机转速,可以使电机在转动过程中不会因为负载的变化而造成大的变动,可以使转速始终保持在目标速度附近。

第4章 STM32电机控制实验（高级驱动）

之所以可以使用 PID 算法来控制电机转速，一个重要的原因就是电机的速度控制是线性的，可以理想化地认为速度与电机电压成正比，而 PID 控制系统也是一种线性控制器。电机的电压由定时器输出的脉冲占空比决定，所以速度和占空比成正比的关系。例如：当设定的占空比是 50%时，理论上转速也应该是最大速度的 1/2。

当电机带载转动时，相同占空比下带载转速会比空载转速要慢。这时就需要调控占空比，加大输出电压，使速度靠近目标速度值。速度闭环的 PID 算法输入量是电机转速，但输出量却是占空比（也就是定时器的比较值）。

(7) 软件实现

① 编码器读数。

编码器接口的定时器是 16 位的计数器，计数值最大是 65 535，计数溢出会对 PID 计算结果造成影响，如图 4.1.4 所示。可以使用一个变量在更新中断时记录溢出次数。读取数据时，将这个变量也累加进读取结果。电机正转和反转编码器的计数方向不一样，累加处理也不一样。

```
01 if (__HAL_TIM_IS_TIM_COUNTING_DOWN(&htimx_Encoder))
02     OverflowCount--;         //向下计数溢出
03 else
04     OverflowCount++;         //向上计数溢出
05 /* 读取编码器数值 */
06 Spd_Pulse= (OverflowCount*CNT_MAX)+
07             (int32_t)__HAL_TIM_GET_COUNTER(&htimx_Encoder);
```

图 4.1.4　溢出计数和读取编码器数据处理配置

电机正转，计数器向上计数，触发更新中断时记录的数值已经超过 65 535，假设溢出次数是 1，当前计数器读数是 10，则

实际编码器读数 = 1×65 536+10 = 65 546

电机反转，计数器向下计数，计数器初始值是 0，触发更新中断时数值变化为 0→65 535，这个时候的溢出次数是-1（从 0 开始减 1），假设当前计数器读数是 65 525，则

实际编码器读数 = -1×65 536+65 525 = -11

综合起来就是

编码器读数=计数器溢出次数×65 536+当前计数器读数

根据编码器的读数就可以判断当前电机转动的方向和位置。用于保存计数器溢出次数的变量是一个带符号位的 32 位整型数据，电机正转溢出就加 1，

反转溢出就减 1。

速度值的计算要根据编码器的设计参数来计算，编码器是 11 线时减速比是 30，所以转一圈 1 320 个脉冲，采样周期是 100 ms，以 r/min 为单位的转速是 $(x/1\,320) \times (1\,000/100) \times 60$；转的圈数是 $x/1\,320$，x 是编码器读数值。

② PID 算法。

在执行 PID 算法之后，输入量是速度值，得到的结果也应该是速度值，但是控制板控制电机转速所用的是定时器输出 PWM 的占空比，所以在得到结果之后需要转换成占空比。不过电机的转速和占空比是成正比的，所以可以直接将 PID 计算结果作用在定时器上，直接改变输出脉冲的占空比。这样做的实际含义就是隐性地将系数整合到 PID 参数里面。因为定时器的计数器是有计数范围的，16 位的计数器计数范围是 0~65 535，所以 PID 计算完成之后需要针对计数器做出范围限定。PID 算法的代码实现过程如图 4.1.5 所示。

```
01 int32_t SpdPIDCalc(float NextPoint)
02 {
03      float iError,dError;
04      iError = sPID.SetPoint - NextPoint; //偏差
05
06      if ((iError<0.2f)&& (iError>-0.2f))
07          iError = 0.0f;
08
09      sPID.SumError += iError; //积分
10
11      dError = iError - sPID.LastError; //微分
12      sPID.LastError = iError;
13      return (int32_t)(sPID.Proportion * iError //比例项
14                  + sPID.Integral * (float)sPID.SumError //积分项
15                  + sPID.Derivative * dError); //微分项
16 }
```

图 4.1.5　PID 算法的代码实现过程

这里，PID 算法使用的是位置式 PID 算法，实现比较简单，就只需几段代码。首先根据目标值和当前值计算偏差，对偏差做一个死区控制，死区控制就是在这个范围内，认为偏差是 0，不做 PID 调整。例如：死区控制在 ±0.2 r/s 内，再靠近目标速度 0.2 r/s 的范围内，输出的占空比将保持不变，除非速度有所变化，死区控制并不是必需的。其次对偏差进行累加，同时减去上一次的偏差值作为微分。最后按照 PID 算法对偏差进行比例、积分、微分运算，实际上也只是乘上一个系数。这个就是 PID 算法的代码实现过程。在使用时都是读取当前的速度值，然后调用这个函数将得到的结果再传送到执行机构上。

③ 主要代码流程。

定时任务：使用了滴答定时器，每隔 100 ms 即可读取编码器的数据一次，然后计算当前的速度值，得到速度值之后，即可执行 PID 算法。有刷直流电机的驱动方法跟 3.2 节一致，都是使用一个定时器的两个通道来驱动 4 个 MOS 管。编码器则是通过另一个定时器的编码器接口接入 MCU。

速度闭环控制主流程如图 4.1.6 所示。

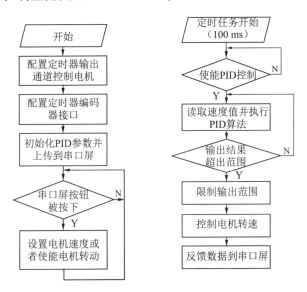

图 4.1.6　速度闭环控制主流程

4.1.4　实验内容

① 设定电机速度值，调整 PID 参数，使电机能快速达到目标速度。
② 调整 PID 参数，修改速度曲线。
③ 记录不同参数下的速度曲线变化。

4.1.5　实验步骤

① 将 HMI 串口屏的连接线接到 YS-F4Pro 的接口上。
② 将实验 4.1 例程烧录到 YS-F4Pro 开发板上。
③ 在 HMI 串口屏上按以下顺序操作进入速度闭环控制界面（图 4.1.7）："实验选项"→"有刷直流电机"。

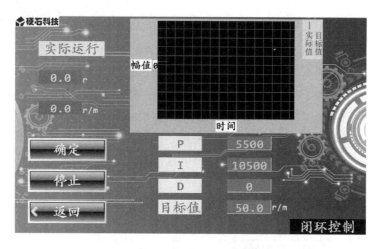

图 4.1.7 速度闭环控制界面

④ 单击"确定"按钮，电机将按照默认设置的参数值转动。

⑤ 先单击"停止"按钮停止电机，修改 PID 参数和转速目标值，再单击"确定"按钮使参数生效。

⑥ 记录不同参数下的转速曲线。

4.1.6 实验报告要求

① 记录不同参数下的转速曲线。

② 分析不同参数下的曲线变化规律，思考：如何使电机快速平稳地提高速度？

4.2 有刷直流电机位置闭环控制实验

4.2.1 实验目的

① 掌握位置闭环控制算法；

② 了解位置闭环控制的作用效果；

③ 掌握位置闭环的 PID 参数的调节。

4.2.2 实验器材

① YS-ExBox 电机控制实验箱；

② YS-F4Pro 工业 & 运动控制开发板；

③ HMI 串口屏；

④ 有刷电机驱动板；

⑤ 减速比为 1∶30 的有刷直流电机。

4.2.3 实验原理

(1) PID 位置环

要求电机能准确定位在某一个位置，或者要求电机转动多少圈之后就停止，这时就需要使用电机位置闭环控制，没有闭环控制系统是无法准确完成任务的。位置闭环控制跟速度闭环控制一样，也是使用 PID 控制算法，不过被控制量由速度值变成位置值。在没有安装设备的电机上，位置指的是圈数。位置闭环控制系统如图 4.2.1 所示。

图 4.2.1 位置闭环控制系统

在位置环中，输入偏差 $n(t)$ 就是目标位置值-当前位置值。当前位置值由反馈系统提供，当然电机最常用的反馈系统就是编码器。

这里，PID 算法使用的是位置式 PID 算法。位置式 PID 算法参数比增量式 PID 调整更简单，更能凸显出 PID 算法的精髓。

$$u_k = K_p \times e_k + K_i \sum_{j=0}^{k} e_j + K_d (e_k - e_{k-1}) \qquad (4.2.1)$$

式中，k 为采样序号，$k=0, 1, 2, \cdots$；u_k 为第 k 次采样时刻的计算机输出值；e_k 为第 k 次采样时刻输入的偏差值；e_{k-1} 为第 $k-1$ 次采样时刻输入的偏差值；K_p 为比例系数；K_i 为积分系数，$K_i = K_p \times T/T_i$；K_d 为微分系数，$K_d = K_p \times T_d/T$。

PID 算法的作用之一就是将被控量控制在目标值范围内，并且当 PID 参数合适时，还具有位置自锁功能。具体来说，就是当电机转动到达目标位置时，电机是静止的。若此时使用外力使电机偏离目标位置，将会产生输入偏差，这样比例项会起作用，电机往外力相反的方向转动，相当于电机主动阻碍外力所带来的变化，维持在当前目标位置。如果出现持续的偏差，积分项会起作用，表现就是反作用力逐渐增大。自锁的效果因 PID 参数而异，需要现场多次调试才能确定合适的 PID 参数。

（2）软件实现

① 位置环 PID 算法。

位置式的位置环与速度环有些不同，因为速度可以非常迅速地到达目标速度，但是位置却不可以，特别是当目标设置比较大时，由于长时间没有到达目标，就会出现积分饱和现象。所谓积分饱和现象是指系统存在一个方向的偏差，PID 控制器的输出由于积分作用的不断累加而加大，从而导致输出占空比达到极限位置。此后若控制器输出继续增大，占空比不会再增大，但积分项却继续累加，即系统输出超出正常运行范围而进入饱和区。一旦出现反向偏差，占空比逐渐从饱和区退出。

进入饱和区越深，则退出饱和区时间越长。此段时间内，系统就会失去控制。这种现象称为积分饱和现象或积分失控现象。解决的方法有两种。一种是判断上一时刻的占空比是否已经超出控制范围。若超出，则只累加负偏差；若未超出，则按照普通的 PID 算法进行调节。这种算法可以避免长时间停留在饱和区。另一种方法就是设置积分上限和积分下限，使积分项不会无穷地累加。PID 闭环控制配置如图 4.2.2 所示。

```
01 int32_t iError,dError;
02 iError = sPID.SetPoint - NextPoint; //偏差
03
04 if ( ( (iError<50) && (iError>-50) ) )
05     iError = 0;
06
07 /* 限定积分区域 */
08 if ((iError<400 )&& (iError>-400))
09 {
10     sPID.SumError += iError; //积分
11     /* 设定积分上限 */
12     if (sPID.SumError >= (TARGET_LOC*10))
13         sPID.SumError  = (TARGET_LOC*10);
14     if (sPID.SumError <= -(TARGET_LOC*10))
15         sPID.SumError = -(TARGET_LOC*10);
16 }
17
18 dError = iError - sPID.LastError; //微分
19 sPID.LastError = iError;
20 return (int32_t)( (sPID.Proportion * (float)iError) //比例项
21                 + (sPID.Integral * (float)sPID.SumError) //积分项
22                 + (sPID.Derivative * (float)dError) ); //微分项
```

图 4.2.2　PID 闭环控制配置

在普通的 PID 控制中，引入积分环节的目的主要是消除静态偏差，提高控制精度。但在启动、结束或大幅度增减设定时，短时间内系统输出有很大的偏差，会造成积分积累，致使控制量超过执行机构可能允许的最大动作范围对应的极限控制量，引起较大的振荡。为解决这个问题可以采用积分分离，当被控量与目标值偏差较大时，取消积分作用，以免由于积分作用使系统稳定性降低，超调量增大；当被控量接近目标值时，引入积分控制，以便消除静态偏差，提高控制精度。具体的实现步骤就是人为地设定阈值，输入偏差在一定的范围内才引入积分作用。

位置环的主控对象是位置值，也就是圈数，对速度没有要求。这就造成在起始时，输入偏差是最大值，输出也是最大值，导致速度瞬间飙升到最大值，这对于系统的稳定性并不好，所以可以对速度做出限制。执行 PID 控制配置如图 4.2.3 所示。

```
01 /* 计算 PID 结果 */
02 if (Start_flag == 1)
03 {
04     PWM_Duty = LocPIDCalc(Loc_Pulse);
05     if (PWM_Duty >= BDCMOTOR_DUTY_FULL/2)
06         PWM_Duty = BDCMOTOR_DUTY_FULL/2;
07     if (PWM_Duty <= -BDCMOTOR_DUTY_FULL/2)
08         PWM_Duty = -BDCMOTOR_DUTY_FULL/2;
09
10     /* 判断当前运动方向 */
11     if (PWM_Duty < 0) {
12         Motor_Dir = MOTOR_DIR_CW;
13         BDDCMOTOR_DIR_CW();
14         tmpPWM_Duty = -PWM_Duty;
15     } else {
16         Motor_Dir = MOTOR_DIR_CCW;
17         BDDCMOTOR_DIR_CCW();
18         tmpPWM_Duty = PWM_Duty;
19     }
20     /* 输出 PWM */
21     SetMotorSpeed( tmpPWM_Duty );
```

图 4.2.3　执行 PID 控制配置

② 主要代码流程。

位置闭环控制的例程跟速度闭环控制的流程几乎一致，不同的是 PID 算法的输入量变成了电机位置值，也就是编码器的读数，且 PID 算法多了一个积分上限限制。

位置闭环控制流程图如图 4.2.4 所示。

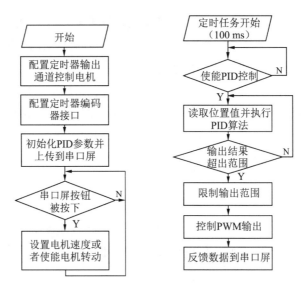

图 4.2.4 位置闭环控制流程图

4.2.4 实验内容

① 设定电机位置值，调整 PID 参数，使电机能快速达到目标位置。

② 调整 PID 参数，修改控制曲线。

③ 记录不同参数下的曲线变化。

4.2.5 实验步骤

① 将 HMI 串口屏的连接线接到 YS-F4Pro 的接口上。

② 将实验 4.2 例程烧录到 YS-F4Pro 开发板上。

③ 在 HMI 串口屏上按以下顺序操作进入位置闭环控制界面（图 4.2.5）："实验选项"→"有刷直流电机"。

④ 单击"确定"按钮，电机将按照默认设置的参数值转动。

⑤ 先按"停止"按钮停止电机，修改 PID 参数和位置目标值，再单击"确定"按钮使参数生效。

⑥ 记录不同参数下的实际-目标曲线。

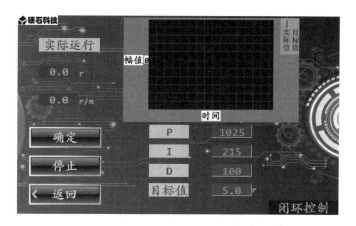

图 4.2.5 位置闭环控制界面

4.2.6 实验报告要求

① 记录不同参数下的控制曲线。

② 分析不同参数下的曲线变化规律，总结 PID 控制算法参数调整规律。

4.3 有刷直流电机电流闭环控制实验

4.3.1 实验目的

① 掌握电流采样计算方法；

② 了解电流闭环控制的作用效果；

③ 掌握电流闭环的 PID 参数的调节。

4.3.2 实验器材

① YS-ExBox 电机控制实验箱；

② YS-F4Pro 工业 & 运动控制开发板；

③ HMI 串口屏；

④ 有刷电机驱动板；

⑤ 减速比为 1∶30 的有刷直流电机。

4.3.3 实验原理

（1）电流环

将 PID 控制作用在电流上，就是电流环。先对电机的电流进行采样，得到反馈值 $n(t)$，然后与设定目标值进行比较，对偏差进行比例、积分、微分运算，将最终结果输出到电机上，控制电机电流在目标电流附近，这就是电流环。电流闭环控制如图 4.3.1 所示。

图 4.3.1　电流闭环控制

电流闭环控制也可以说是扭矩控制，一般情况下认为电流与扭矩成正比关系，目前大多控制器控制电流的目的是能够实现控制恒定扭矩输出。

（2）电流采样

有刷驱动板上 0.02 Ω 的采样电阻就是用来采集电机电流的。当电机电流流过采样电阻时，产生一定的压降，然后通过一个运算放大器将电压放大到 0~3.3 V，最后使用 STM32 的 ADC 功能采集采样电阻的电压，获得电阻和电压之后就可以计算出采样电阻的电流，采样电阻的电流也就是电机的电流。电流采样示意图如图 4.3.2 所示。

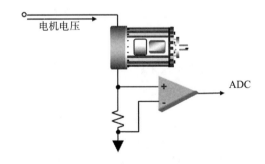

图 4.3.2　电流采样示意图

根据采样电阻在电阻驱动电路中的位置不同，电流采样分为高端采样和低端采样。高端采样是采样电阻在电机靠近 V_{CC} 的引线上，低端采样是采样电阻串接在电机的靠近 GND 的引线上。低端采样输入共模电压低，可以使用低成本的普通运算放大器。为了尽量避免对电机的影响，采样电阻要求阻值低、精度高、功率大。

有刷驱动板是在两个下桥臂的连接点和 GND 之间串接一个 20 mΩ、1%精度、2 W 的采样电阻。电流采样电路图如图 4.3.3 所示。

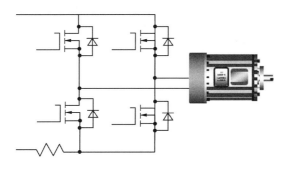

图 4.3.3　电流采样电路图

电机的电流在经过采样电阻之后，电流信号转换成电压信号，再经由运放放大之后，连接到 STM32 的 ADC 采样通道，在程序中读取采样通道的电压值就可以得到电机的电流。电阻的功率是 2 W，阻值是 0.02 Ω，可通过最高 10 A 的电流，但是电压最大只能是 0.2 V，所以需要使用一个运放来将电压信号放大。放大电路如图 4.3.4 所示。

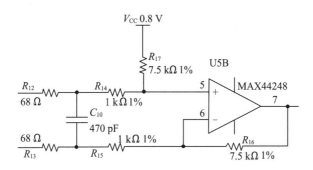

图 4.3.4　放大电路

放大倍数的计算则是由 7 500/（1 000+68）≈7.02 得到。从电路图来看，运放的放大倍数约为 7.02 倍，所以 $V_{in} = V_{out}/7.02$。再根据 $I = U/R$ 即可得到电机的电流。但是运放的同相输入端使用 7.5 kΩ 的上拉电阻将电压向上偏移 0.8 V，所以实际最终的输出输入电压关系是

$$V_{in} = (V_{out} - 0.8)/7.02$$

电流闭环的前提是能得到稳定的电流值。在控制电机的时候，由于使用的是 PWM 波形控制电机，在一个控制周期内，会出现高电平和低电平，电流的波形也会随着占空比的变化而变化。电机电压与电流波形图如图 4.3.5 所示。

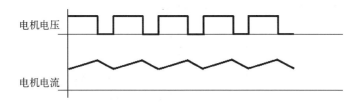

图 4.3.5　电机电压与电流波形图

直接测量计算电流不现实，因为电流波形在抖动，并且频率跟控制脉冲的 PWM 一样，特别是在大电流的时候，电流的波形变化就更复杂了，在开关的瞬间还会有尖峰脉冲的出现，使得电流采样变得更为麻烦。

一般用的测量方法，要么是增加硬件成本修改波形曲线，使其平滑；要么是在软件中适时采样，即在 PWM 电平有效，电流爬升的中点读取电流值。或者连续多个周期采样，然后计算平均值。

（3）软件实现

① 电流采集。

采集电机电流时，为了能准确地采集到电机电流，需要采样频率比电流变化频率快 2 倍以上。为了不占用 CPU 资源，可以使用 DMA 来辅助电流采集。

在使用 ADC-DMA 采集电流时，设置了采样数据缓存区大小为 256，采样数量就是 256，AD 转换 256 次后触发 DMA 传输完成中断，进入 ADC 中断回调函数。通过对 256 个数据进行取平均值处理，取平均值时将这 256 个数值累加，正常情况下应该是除以 256 后即可得到平均值。程序里面将除以 256 用右移 6 位来代替，数字"6"是由 256 的对数再减 2 得到的，即 $\log_2(256) - 2$，结果变成了除以 64。这是用一种过采样方法，目的在于对采集回来的数据进行滤波处理。过采样方法得到的转换结果可以提高分辨率，将原来的 12 bit 分辨率提高到 14 bit，但是提高分辨率不代表提高采样精度。

这样得到的数值可以视为这 256 个数据的均值，然后记录进入中断的次数，并将这个均值累加起来，在需要使用时就将累加值除以中断次数，得到的就是 ADC 引脚上的平均电压值。ADC 采样处理配置如图 4.3.6 所示。

```
01 void HAL_ADC_ConvCpltCallback(ADC_HandleTypeDef* hadc)
02 {
03      uint16_t ConvCnt = 0;
04      int32_t ADConv = 0 ;
05      /* ADC 采集太快,需要先停止再处理数据 */
06      HAL_ADC_Stop_DMA(hadc);
07      /* 取平均 */
08      for (ConvCnt = 0; ConvCnt < ADC_BUFFER; ConvCnt++) {
09          ADConv += ((int32_t)ADC_ConvValueHex[ConvCnt]);
10      }
11      /* 计算平均值,采样数据设置为 2 的整数倍,获得14bitsADC 值*/
12      ADConv >>= ADC_Base;
13      /* 累加采样结果并记录采样次数*/
14      AverSum += ADConv;
15      AverCnt++;
16      HAL_ADC_Start_DMA(hadc,(uint32_t*)ADC_ConvValueHex,ADC_BUFFER);
17 }
```

图 4.3.6　ADC 采样处理配置

ADC 采样得到的结果是一个平均值,在采样周期(50 ms)内,重复对电阻连续采样 256 个数据点,然后以这 256 个数据点作为采样值,在此基础上计算均值,相当于对数据做了两次均值滤波处理。

电压值的计算则是使用采样得到的平均值乘以 ADC 的分辨率,分辨率的计算使用了一个宏定义来处理,计算的过程如下:

实际的电压值=ADC 转换结果×(参考电压/ADC 满量程寄存器值)

STM32 的 ADC 的满量程寄存器值是 4 096,使用过采样方法之后,分辨率提高到 14 bit,所以程序当中使用了 16 384 (2^14)。电压、电流值计算配置如图 4.3.7 所示。

```
01 #define VOLT_RESOLUTION
02 ((float)((VOLT_REF/(float)(16384))*(float)1000)) // ADC 电压分辨率,单位:0.201mV
03 /* 计算电压值和电流值 */
04 Volt_Result = ( (float)( (float)(ADC_Resul) * VOLT_RESOLUTION) );
05 ADC_CurrentValue = (float)((Volt_Result / GAIN) / SAMPLING_RES);
```

图 4.3.7　电压、电流值计算配置

② 主要代码流程。

利用 DMA 的功能,连续采集采样电阻上面的电压信号,在采集到一定数量的数据之后,就可以计算出电流的平均值,然后运行 PID 算法,控制输出 PWM 脉冲的占空比,从而改变电流大小。电机电流采样流程图如图 4.3.8 所示。

主函数:一开始就初始化并运行 ADC-DMA 功能,然后等待串口屏的指令来控制电机转动。

DMA 传输中断:在 DMA 传输完成之后触发中断,在中断内部对数据进行处理，计算均值。

定时任务：每50 ms在滴答定时器中对累加的均值数据求平均值，同时判断当前是不是第y次进入中断，若是，则将这一次的数据作为零点偏移值，后面所有计算得到的数据全部都要减去这个零点偏移值。因为刚开始采集的时候ADC模块不稳定，采集回来的数据跳动比较大，需要等待一段时间才可以稳定下来，所以在采样y次数据以后才记录零点偏移值。

得到电流之后就可以使用PID参数来算占空比，计算过程跟速度位置闭环控制是一样的。

电机采样流程图如图4.3.8所示。

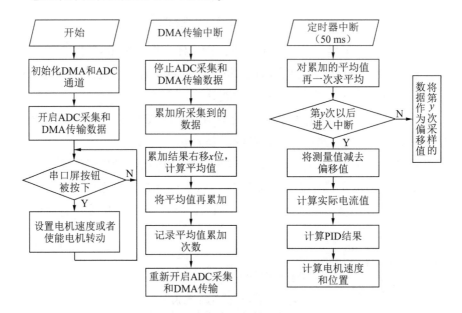

图4.3.8　电机采样流程图

4.3.4　实验内容

① 设定电机电流值，调整PID参数，使电机电流能快速达到目标。

② 调整PID参数，修改控制曲线。

③ 记录不同参数下的曲线变化。

4.3.5　实验步骤

① 将HMI串口屏的连接线接到YS-F4Pro的接口上。

② 将实验 4.3 例程烧录到 YS-F4Pro 开发板上。
③ 在 HMI 串口屏上按以下顺序操作进入电流闭环控制界面（图 4.3.9）：
"实验选项"→"有刷直流电机"。

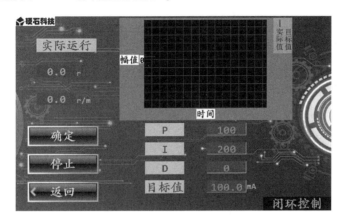

图 4.3.9　电流闭环控制界面

④ 单击"确定"按钮可以使电机按照设置的参数值转动。
⑤ 先按"停止"按钮停止电机，修改 PID 参数和目标值，再单击"确定"按钮使参数生效。
⑥ 记录不同参数下的电流曲线。

4.3.6　实验报告要求

① 使用示波器观察采样电阻的电压信号波形。
② 分析不同的 PID 参数对电机启动电流的影响。
③ 尝试给电机增加负载，思考：不同的 PID 参数对负载变化有什么影响？

4.4　梯形加减速算法实现实验

4.4.1　实验目的

① 了解梯形加减速算法；

② 掌握梯形加减速算法的实际应用。

4.4.2 实验器材

① YS-ExBox 电机控制实验箱；

② YS-F4Pro 工业 & 运动控制开发板；

③ HMI 串口屏；

④ 步进电机驱动器；

⑤ 步进电机；

⑥ 丝杆导轨。

4.4.3 实验原理

（1）梯形加减速

梯形加减速算法的作用是使电机有一个直线加速和减速的过程（图 4.4.1）。

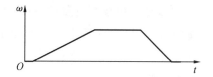

图 4.4.1 梯形加减速速度曲线图

可以从图中看到，电机先是以一定的速度启动，然后直线加速，到了一定的转速之后就开始匀速转动，最后减速，直至停止。所以梯形加减速算法实际上是一种线性加速算法。

梯形加减速算法多用在步进电机上。使用专用的驱动器驱动步进电机时，只需要使用定时器的脉冲输出功能就可以控制步进电机的转速（图 4.4.2）。

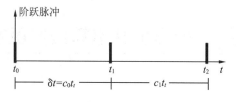

图 4.4.2 步进电机控制脉冲

一般控制步进电机的脉冲是 50% 占空比的方波，实际应用时有一个最小脉宽值，只要脉冲宽度满足这个最小脉宽值就可以驱动步进电机转动。这里为了简化计算过程,默认脉冲都如图4.4.2所示,脉冲是瞬间起作用并且高电平宽度接近于0,频率由尖峰之间的时间间隔决定。

t_0为脉冲发送的起始时刻,t_1为发送第二个脉冲的时刻,t_2为发送第三个脉冲的时刻。t_0与t_1之间的时间间隔(时间延时)为

$$\delta t = c_0 t_t$$

式中,c_0为定时器在t_0与t_1这段时间的定时器计数值,t_t为定时器的计数周期。

例如:在程序中配置定时器预分频器为83,定时器时钟频率为f_t = 168 MHz/(83+1) = 2 MHz,那么计数周期t_t值就是$\frac{1}{2M}$,c就是定时器以$\frac{1}{2M}$为单位计数的计数值。假定定时器的计数频率是f_t,那么$t_t = \frac{1}{f_t}$。

$$\delta t = c t_t = \frac{c}{f_t} \tag{4.4.1}$$

δt是两个脉冲之间的时间间隔,在加减速阶段,δt可以认为是线性变化的。一般情况下程序不会改变定时器计数频率,所有两个脉冲之间的时间间隔就是由计数值c决定的。c值越大,时间间隔越大,速度越慢。

从图4.4.3可以看到每一步脉冲的时间间隔都在减少,速度呈直线上升。

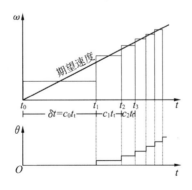

图4.4.3 速度曲线与步进电机脉冲/速度

设步进电机的步距角为α,位置是θ,转速是ω,加速度是$\dot{\omega}$,若某个时刻的脉冲数为n,则步进电机的旋转角度(位置)为

$$\theta(t) = \int_0^t \omega(t) \, d\tau = \frac{1}{2} \dot{\omega} t^2 = n\alpha \tag{4.4.2}$$

得到前 n 个脉冲的时间总和 $t_n = \sqrt{\dfrac{2n\alpha}{\dot{\omega}}}$,那么第 n 个脉冲与第 $n+1$ 个脉冲之间的时间间隔就是

$$c_n t_t = t_{n+1} - t_n = \sqrt{\dfrac{2\alpha}{\dot{\omega}}}(\sqrt{n+1}-\sqrt{n}) \tag{4.4.3}$$

最终,可以求得第 n 个脉冲实际需求的定时器计数值为

$$c_n = \dfrac{1}{t_t}\sqrt{\dfrac{2\alpha}{\dot{\omega}}}(\sqrt{n+1}-\sqrt{n}) \tag{4.4.4}$$

那么,第 1 个和第 n 个脉冲的定时器计数值为

$$\begin{cases} c_0 = \dfrac{1}{t_t}\sqrt{\dfrac{2\alpha}{\dot{\omega}}} = f_t\sqrt{\dfrac{2\alpha}{\dot{\omega}}} \\ c_n = c_0\;(\sqrt{n+1}-\sqrt{n}) \end{cases} \tag{4.4.5}$$

控制器性能有限,可以考虑使用多项式展开来减少运算。根据麦克劳林公式对式(4.4.5)展开,得到简单的计算公式:

$$c_n = c_{n-1}\left(\dfrac{4n-1}{4n+1}\right) = c_{n-1}\dfrac{(4n+1)-2}{4n+1} = c_{n-1} - \dfrac{2c_{n-1}}{4n+1} \tag{4.4.6}$$

这个公式比连续开两次方的计算方式快很多,但是代入原式后发现当 $n=1$ 时有 0.448 5 的偏差,可以将 c_0 乘一个系数 0.676 来消除这个误差。

知道 c_0 和 c_n 之后,就可以在实时控制时,计算出每一步的时间间隔,从而可以知道应该要设置的定时器计数值。从以上公式来看,这两个参数与加速度、步数、定时器计数频率有关。梯形加减速有两个阶段,一个是加速阶段,一个是减速阶段。步进电机需要旋转给定的步数,必须要在适当的时候开始减速,使其结束的时候速度为 0 (图 4.4.4)。其中,n_1 和 n_2 都是未知值。

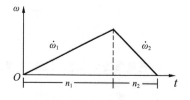

图 4.4.4 加减速斜线

当前的速度值可根据加速度对时间的积分来计算得到,那么第 n 步的时间可以由速度和加速度计算得到,根据式(4.4.2)可以得到 n 个脉冲的总时间

和脉冲数与加速度之间的关系式：

$$\begin{cases} t_n = \dfrac{\omega_n}{\dot{\omega}} \\ n = \dfrac{\dot{\omega} t_n^2}{2\alpha} \end{cases} \quad (4.4.7)$$

联合以上两式，可以得到步数与加速度成反比的关系式：

$$n\dot{\omega} = \dfrac{\omega_n^2}{2\alpha} \quad (4.4.8)$$

当电机加速到最大速度时，需要的步数与加速度成反比，电机减速的过程可以视作电机加速的逆向过程，最大速度都是 ω_n，所以有

$$n_1 \dot{\omega}_1 = n_2 \dot{\omega}_2 \quad (4.4.9)$$

这意味着只需要改变 n 的值就可以改变加速度的值。根据式（4.4.7）可以得到加速段脉冲数：

$$n_1 = \dfrac{(n_2 + n_1)\dot{\omega}_2}{\dot{\omega}_1 + \dot{\omega}_2} \quad (4.4.10)$$

从式（4.4.5）中可以看到 c_0 和 c_n 的计算过程，c_0 和 c_n 就是在加速过程中决定速度的两个重要参数，c_0 决定了起始速度，c_n 决定了每一步的速度。接下来就是切换状态的判断。在整个运行过程中，不可能一直加速或一直减速，肯定会有匀速的过程。进入匀速的判断条件就是脉冲数，为此需要计算出每一个阶段的脉冲数，也就是 n_1 和 n_2。

（2）算法实现

代码实现加减速时，需要计算出第一个脉冲的时间间隔，也就是定时器的计数值（c_0），然后在每一次发出脉冲之后，再计算下一步的计数值（c_n），最后根据各种条件判断是否到达最大速度，或者是否应该开始减速。

由以上的数学模型，控制步进电机运动。在给定步数的情况下，速度从零开始加速，到达既定的最大速度之后开始匀速运动，运动到一定步数后开始减速，最后停下来到达给定的步数。速度曲线类似一个梯形的变化过程，这样可以使电机启动或者停止更加平滑，避免抖动的出现。加减速运动曲线如图 4.4.5 所示。

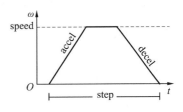

图 4.4.5　加减速运行曲线

为实现加减速控制,需要以下 4 个参数:

step——步数,定义电机旋转步数;

accel——加速度,定义加速的快慢;

dece——减速度,定义减速的快慢;

speed——所设定的最大速度,即匀速阶段速度。

根据这 4 个参数,可以计算出 n_1、n_2。

代码中一般不适合采用浮点型数据做运算,所以把速度(speed)、加速度(accel)、减速度(decel)做了放大 100 倍的处理。

电机达到最大速度时有

$$\omega = \frac{\alpha}{\delta t} = \frac{\alpha f_t}{c} \quad (\text{rad/s})$$

定义 A_T_x100 = $\alpha f_t \cdot 100$。定义了一个宏常量 A_T_x100,将 αf_t 放大 100 倍,所以在后续运算当中要注意已经放大了 100 倍。得到步进电机最高转速的定时器计数值:

$$\text{min\_delay} = c = \frac{\text{A\_T\_x100}}{\text{speed}} \quad (4.4.11)$$

由于计数值放大了 100 倍,所以 speed 也是放大了 100 倍,实际设置时单位是 0.01 rad/s。

第一步的定时器计数值 $c_0 = f_t\sqrt{\frac{2\alpha}{\dot{\omega}}}$,使用代码中的宏定义来表达就是

$$\text{step\_delay} = c_0 = \text{T1\_FREQ\_148}\sqrt{\frac{\text{A\_SQ}}{\text{accel}}}/100 \quad (4.4.12)$$

式中,宏定义 T1_FREQ_148 = $\frac{0.676 f_t}{100}$,A_SQ = $2\alpha \cdot 10\,000\,000\,000$。前面的 accel、decel、speed 都是做了放大 100 倍的处理,所以 A_SQ 放大 10 的 2 次方倍;T1_FREQ_148 是缩小成 $\frac{1}{100}$,那放进根号里面就需要放大 10 的 4 次方倍,后面还要缩小成 $\frac{1}{100}$,所以最后就是放大 10 的 10 次方倍。

由式(4.4.6)可以知道,c_n 与步数 n 有关,必须先计算出加速阶段的步数和减速阶段的步数才能继续计算得到 c_n。实际运行时又有两种情况。

① 有足够的步数使电机可以加速到所设定的速度,能达到设定速度。

② 未达到所设定的速度就被迫开始减速，即未能达到设定速度。

如图 4.4.6 所示，已知 step、accel、decel、speed，产生这两种情况的主要原因是这 4 个参数的大小设置。假如减速度设置过小，则减速的速度曲线坡度越小，所需要的步数就越大。在固定的步数的情况下，只能削减加速的步数，从而导致不能达到设定的速度。其他的参数设置过高或者过低也会造成类似的情况，如图 4.4.7 所示。下面针对这两种情况做说明：

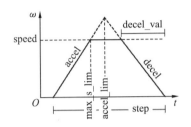 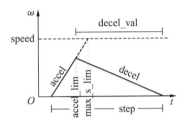

图 4.4.6　加速阶段受限于最大速度 speed　　图 4.4.7　加速阶段未到达最大速度就开始减速

max_s_lim 是加速到速度所需要的步数，假设最高速度就是 speed，根据式（4.4.8），有

$$\mathrm{max\_s\_lim} = n = \frac{\mathrm{speed}^2}{2\alpha \cdot \mathrm{accel} \cdot 100} \quad (4.4.13)$$

乘上 100 是为了保持放大倍数平衡，accel_lim 则是减速开始之前的步数（没有速度限制的情况下），根据式（4.4.10），有

$$\mathrm{accel\_lim} = n_1 = \frac{\mathrm{step} \cdot \mathrm{decel}}{\mathrm{accel} + \mathrm{decel}} \quad (4.4.14)$$

如果 max_s_lim<accel_lim，加速度的步数受限于设定的速度 speed，那么减速的距离（步数）decel_val 可以计算出来，负号是因为加速度和减速度的方向是相反的，即

$$\mathrm{decel\_val} = -\mathrm{max\_s\_lim} \cdot \frac{\mathrm{accel}}{\mathrm{decel}} \quad (4.4.15)$$

如果 max_s_lim> accel_lim，加速度的步数受限于减速度的开始，那么减速距离为

$$\mathrm{decel\_val} = -(\mathrm{step} - \mathrm{accel\_lim}) \quad (4.4.16)$$

状态机整体控制过程可以分为 4 个速度状态，分别为 stop→accel→run→decel→stop，如图 4.4.8 所示。这种状态机通过定时器的比较中断实现，在中断过程中，时刻检测电机的步数。初始状态是 stop，开始启动是 accel，当满足

run 的状态时匀速运行,对应所设置的速度 speed,到 decel 开始减速,直至速度为 0。也有可能是从 accel 直接切换到 decel,这个要根据设置的参数来决定。切换状态的判断通过步数来控制,也就是前面所提到的 max_s_lim、accel_lim、decel_val。

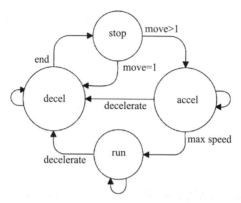

图 4.4.8　状态机表示梯形加减速算法

在加速过程中的每一步新的时间间隔 δt 由定时器的计数值决定,也就是 c_n。c_n 的计算结果包括一个系数和一个余数,为了提高精度保留余数并包含在下一次计算当中。由式 (4.4.17) 展开计算,其中 rest 为余数,首次计算值为 0。new_rest 就是保存除不尽的余数参与下一次计算。每一步新的计数值和余数如下:

$$\text{new\_step\_delay} = \text{step\_delay} - \frac{2 \cdot \text{step\_delay} + \text{rest}}{4 \cdot \text{accel\_count} + 1} \text{new\_rest}$$

$$= (2 \cdot \text{step\_delay} + \text{rest}) \, [\bmod \, (4 \cdot \text{accel\_count} + 1)]$$

(4.4.17)

当状态改变时,为了保持位移的轨迹,一些辅助计数变量是必不可少的,如图 4.4.9 所示。

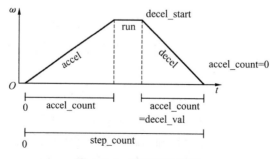

图 4.4.9　辅助计数变量

step_count 为计算步数，在 accel 状态从零开始，在 decel 状态完成时结束，记录的步数应该与命令控制的步数相同。

accel_count 用于控制加速或者减速。在 accel 状态时，它从零开始每一步都会增加直至 accel 状态结束。在 decel 状态时，它设置为 decel_val，并且为负数，每一步都会增加直至它的值为 0，运动结束，状态设置为 stop。

decel_start 指示减速开始。当 step_count 与 decel_start 相等时，状态设置为 decel。

（3）软件实现

① 梯形加减速。

在计算参数时会遇到一个问题，就是数值溢出。STM32 的高级定时器是 16 位计数值，最大值只能计算到 65 535，但是在计算加减速参数时会使用定时器频率计算。而频率值在数值上是比较大的数值，非常容易使计数器溢出。所以在初始计算时使用一个 do…while 循环来计算初始化值，若初始的计数值大于 0xFFFF，则继续增加预分频值，降低定时器计数频率。定时器计数频率配置如图 4.4.10 所示。

```
01 do
02 {
03      // 这一步是调整定时器预分频,使计算结果不会溢出
04      __HAL_TIM_SET_PRESCALER(&htimx_STEPMOTOR,Prescaler++);
05      SM_LSC_TIMx_Freq = ((float)SystemCoreClock/Prescaler);
06      A_T_x10 = ((10.0f * ALPHA * SM_LSC_TIMx_Freq));
07      SM_LSC_TIMx_Freq_148 = (( (SM_LSC_TIMx_Freq * 0.676f) / 10.0f));
08
09      // 设置最大速度极限,计算得到 min_delay 用于定时器的计数器的值
10      // min_delay = (alpha / tt)/ w
11      srd.min_delay = ROUND_TO_UINT32(A_T_x10 / speed);
12      srd.step_delay = ROUND_TO_UINT32((SM_LSC_TIMx_Freq_148 * sqrt(A_SQ / accel))/10);
13      //C0, 初始速度的定时器值
14
15 } while (srd.step_delay > (uint32_t)0xFFFF);
```

图 4.4.10　定时器计数频率配置

在计算出最大速度和最小速度的定时器计数值之后开始计算加速到最大速度的步数和开始减速的步数，也就是前面说的 n_1 和 n_2。计算完成之后就可以使能定时器计数，输出脉冲。

② 状态机实现。

高级定时器使用比较翻转模式输出脉冲，当计数器与比较器数值相等时翻转输出电平，然后进入中断。每两次中断就输出一个脉冲，中断里面实现了梯

形加减速状态机,开始时是 stop 状态,此状态下会关闭定时器输出;当开始运动的时候进入 accel 状态,若输出的脉冲已经达到加速到最大速度的步数,则转为 run 匀速状态;若脉冲数达到开始减速的步数,则进入 decel 状态,开始减速;减速到最后一步时又重新进入 stop 状态等待。在加速过程中,若脉冲数等于开始减速的步数,则直接进入减速状态,跳过 run 状态。定时器中断实现状态机配置如图 4.4.11 所示。

```
01  switch (srd.run_state) // 加减速曲线阶段
02  {
03  case STOP:
04      StopMotor();
05      break;
06  case ACCEL:
07      step_count++;           // 步数加 1
08      //计算新(下)一步脉冲周期(时间间隔)
09      if (step_count >= srd.decel_start) { // 检查是否应该开始减速
10          srd.run_state = DECEL;           // 下个脉冲进入减速阶段
11      } else if (new_step_delay <= srd.min_delay) { // 检查是否到达期望的最大速度
12          srd.run_state = RUN;             // 设置为匀速运行状态
13      }
14      last_accel_delay = new_step_delay;   // 保存加速过程中最后一次延时(脉冲周期)
15      break;
16  case RUN:
17      step_count++;           // 步数加 1
18      new_step_delay = srd.min_delay;      // 使用 min_delay(对应最大速度 speed)
19      if (step_count >= srd.decel_start) { // 需要开始减速
20          srd.run_state = DECEL;           // 状态改变为减速
21      }
22      break;
23  case DECEL:
24      step_count++;           // 步数加 1
25      //计算新(下)一步脉冲周期(时间间隔)
26      //检查是否为最后一步
27      if (srd.accel_count >= 0) {
28          srd.run_state = STOP;
29      }
30      break;
31  }
```

图 4.4.11　定时器中断实现状态机配置

③ 主要代码流程。

主函数中,使用循环查询串口数据的方式,接收到一帧数据之后说明串口屏有按钮被按下,然后就设置加速度和减速度等参数,计算执行梯形加减速所必需的参数,启动定时器控制电机转动。主要代码流程如图 4.4.12 所示。

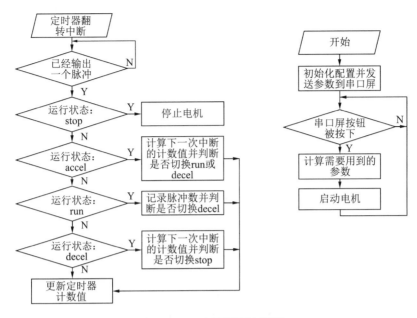

图 4.4.12　主要代码流程图

定时器使用翻转比较中断模式，进入 2 次中断就输出一个脉冲，然后判断当前处于状态机中的哪一种状态，再计算下一次进入中断的计数值，并且通过脉冲数来判断是否应该切换状态。

同时还使用了滴答定时器每隔 100 ms 就发送一个位置值，这个位置值是步进电机圈数对应丝杆上的距离计算出来的。步进电机旋转一圈是 6 400 个脉冲，丝杆前进 5 mm。丝杆上还有两个限位开关，使用外部中断来限制电机的转动范围。当滑块碰到限位开关位置时，触发进入中断，停止电机转动。

代码中使用的高级定时器是 TIM8，计数器是 16 位的寄存器，最大值只有 65 535，在计算过程中，只能将数据放大 10 倍，所以所设置的参数都需要放大 10 倍。由于定时器使用翻转模式，得到的定时器计数值实际上是半周期的计数值，所以在设置速度、加速度、减速度时要注意，不同的参数放大倍数是不一样的。速度值放大了 20 倍，加速度和减速度放大了 40 倍，例如：设置的速度数值是 500，实际上的转速是 25（rad/s）；加速度的数值是 400，实际上的加速度是 10（rad/s^2）。串口屏上接收到的数据已经做了转换。

4.4.4 实验内容

① 验证梯形加减速算法的实际应用效果。
② 了解不同参数对速度曲线的影响。
③ 掌握梯形加减速算法。
④ 掌握算法的实现方法。

4.4.5 实验步骤

① 将 HMI 串口屏的连接线接到 YS-F4Pro 的接口上。
② 将实验 4.4 例程烧录到 YS-F4Pro 开发板上。
③ 在 HMI 串口屏上按以下顺序操作进入梯形加减速控制界面（图 4.4.13）："实验选项"→"57 步进电机"。

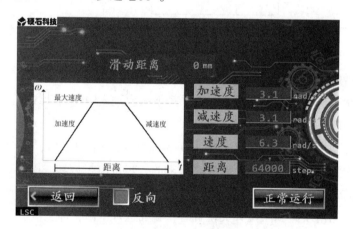

图 4.4.13 梯形加减速控制界面

④ 单击"正常运行"按钮，电机将按照设置的参数值转动。
⑤ 等待电机停止，修改参数值验证不同参数的电机转动情况。

4.4.6 实验报告要求

① 详细描述梯形加减速算法的实现过程。
② 分析算法的实现函数，了解每一个变量的作用。
③ 思考：如果需要使用 S 形加减速，应该怎样通过算法实现？

4.5 步进电机 PID 速度闭环控制实验

4.5.1 实验目的

① 掌握步进电机闭环控制理论；
② 掌握一种步进电机闭环控制方法；
③ 了解开关、半闭环、闭环控制理论。

4.5.2 实验器材

① YS-ExBox 电机控制实验箱；
② YS-F4Pro 工业 & 运动控制开发板；
③ HMI 串口屏；
④ 步进电机驱动器；
⑤ 步进电机；
⑥ 丝杆导轨。

4.5.3 实验原理

（1）闭环控制

步进电机本身具有良好的开环特性，其结构如图 4.5.1 所示，给一个脉冲就转动一个步距角。在要求不严的情况下可以使用梯形加减速或 S 形加减速等速度平滑算法来实现开环控制，避免电机的失步或者过冲。这种方法主要依赖于主控板对输出的脉冲进行计数来模拟反馈信号，实际上电机的运行状态是未知的，这就是开环控制。开环控制没有反馈环节，系统的稳定性不高，精确度不高。

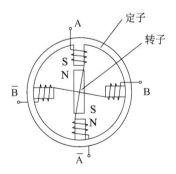

图 4.5.1 步进电机内部结构

如果在步进电机的尾部添加一个编码器，然后将编码器连接到主控板上，使用编码器的输出脉冲来作为反馈信号，这就是半闭环控制。半闭环控制只能检测步进电机的运行状态，包括步进电机的转速和角度，能确保电机转动到位，不会出现失步或者过冲的情况。不管最终执行元件是否到位，若电机与传动元件脱离，或者其他原因导致无法带动元件，则这种情况也是不能通过编码器测量出来的。

真正的闭环控制是针对整个控制系统而言的，为了能够正常而稳定地工作，需对各种被控器件做出调整。对于移动部件使用特定的位置检测装置，如光栅尺等，甚至可能需要使用多个反馈信号，闭环控制定位精度高，但结构比较复杂，调试维修的难度较大。这种闭环控制方法一般都会应用在要求较高的高精度大型数控机床。

简单地说，半闭环和闭环的区别就是反馈位置是在执行部件上还是在传动部件上。

（2）步进电机的闭环控制

实际上，步进电机的开环控制性能是非常好的，不会长期积累误差，能够实现精确定位，控制比伺服简单。但步进电机精确控制的前提是电机不发生失步和过冲。失步就是步进电机没有按照给定的脉冲数转动到指定的位置；过冲就是当电机速度过快或者惯性太大时，不能完全停止，而转动的角度超过了给定的脉冲数所对应的位置。其中，常见的是失步，过冲并不常见。

造成步进电机失步的根本原因是转子跟不上磁场切换速度，外在原因有：

① 高速运转中电压不稳，使输入电流有时达不到额定电流，从而造成输出扭矩下降。

② 转速设置过高，力矩不够。

③ 外部阻力过大。

④ 速度上升过快或下降过快。

解决这种问题的方法有很多，可以更换电机或者驱动器，减轻负载，使用加减速算法控制速度上升和下降。最直接的方法就是使用外部反馈元件，检测步进电机的转动情况。在电机尾部加装一个编码器，电机转过多少角度都可以通过编码器的脉冲输出检测出来。编码器和步进电机可以组成一个半闭环控制部件。

步进电机加装编码器之后可以实时检测步进电机转动的角度，不管有没有失步或者过冲，都可以使电机能够转动到目标位置，同样也可以使用编码器确定电机的转速。

（3）软件实现

在主函数中一直等待串口的指令数据，当启动按钮被按下时，使能电机转动。电机转动之后，在滴答定时器中每隔 20 ms 执行一次 PID 算法，读取编码器的数值，采样周期是 20 ms，控制周期也是 20 ms。计算完成之后，得到的结果需要再次转换成输出脉冲的频率才可以赋值给定时器的比较器。因为控制电机转速的是脉冲频率，如果速度偏差是正向偏差，PID 的计算结果是向上增长，直接赋值给比较器就会导致速度变慢，使得正向偏差变得更大。将 PID 计算结果转换成频率之后，计算结果数值越大，比较值就越小，速度也就越快，可以减小正向偏差。

从串口屏发送过来的数据有一个并不是按钮，而是定时器任务，即串口屏使能了一个定时器。这个定时器每隔 100 ms 就发送一次数据到主控板，主控板在接收到数据之后便发送当前位置值和速度值到串口屏，并发送数据控制串口屏中的曲线变化。

此处 PID 算法使用的是增量式 PID。增量式 PID 与位置式 PID 原理相同，计算出来的结果需要累加起来才能用于控制电机。增量式 PID 算法实现如图 4.5.2 所示。

```
01 float IncPIDCalc(int NextPoint,float TargetVal)    //临时变量,期望值
02 {
03      float iError = 0,iIncpid = 0;                 //当前误差
04      iError = TargetVal - NextPoint;               // 增量计算
05 //   if((iError<0.5f)&&(iError>-0.5f)
06 //      iError = 0;                                // |e| < 0.5,不做调整
07
08      iIncpid=(vPID.Proportion * iError)            // E[k]项
09              -(vPID.Integral * vPID.LastError)     // E[k-1]项
10              +(vPID.Derivative * vPID.PrevError);  // E[k-2]项
11
12      vPID.PrevError=vPID.LastError;                // 存储误差,用于下次计算
13      vPID.LastError = iError;
14      return (iIncpid);                             // 返回增量值
15 }
```

图 4.5.2 **增量式 PID 算法实现**

实验例程代码流程如图 4.5.3 所示。

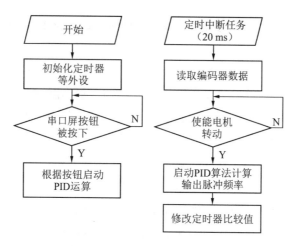

图 4.5.3　实验例程代码流程图

从串口屏发送过来的数据都是经过处理的，速度值放大了 10 倍，PID 参数放大了 1 000 倍，所以在接收到数据之后需要做逆向处理，除以 10 或除以 1 000 才得到屏幕上显示的数值。

4.5.4　实验内容

① 掌握步进电机闭环控制理论。

② 调整 PID 参数实现步进电机速度闭环控制，使速度平滑变化。

4.5.5　实验步骤

① 将 HMI 串口屏的连接线接到 YS-F4Pro 的接口上。

② 将实验 4.4 例程烧录到 YS-F4Pro 开发板上。

③ 在 HMI 串口屏上按以下顺序操作进入步进电机闭环控制界面（图 4.5.4）："实验选项"→"57 步进电机"。

④ 设置 PID 参数和目标值等参数，单击"确定"按钮，电机将按照设置的参数值转动。目标值不宜过大，另外要注意避免滑块碰撞到丝杆极限位置。

⑤ 单击"停止"按钮使电机停止，修改参数值验证不同参数的电机转动情况。

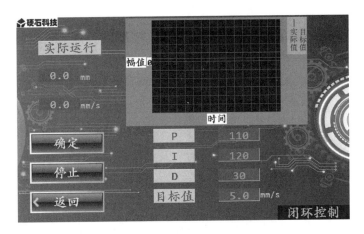

图 4.5.4　步进电机闭环控制界面

4.5.6　实验报告要求

① 思考：步进电机位置闭环控制的方法是什么？
② 思考：调整增量式 PID 参数时遵循的规律有哪些？
③ 记录不同参数下的速度曲线。

4.6　BLDC 和 PMSM 速度闭环控制实验

4.6.1　实验目的

① 了解 BLDC 和 PMSM 三相霍尔传感器的闭环控制方法；
② 掌握霍尔传感器的速度测量方法；
③ 掌握 M/T 法测量速度。

4.6.2　实验器材

① YS-ExBox 电机控制实验箱；
② YS-F4Pro 工业 & 运动控制开发板；
③ HMI 串口屏；

④ 无刷直流驱动器；

⑤ BLDC 电机或 PMSM 电机。

4.6.3 实验原理

(1) 测速原理

测量速度的方法基本有三种：M 法、T 法、M/T 法。

M 法（测频法）：如图 4.6.1 所示，在测量时间内将脉冲数换算成频率，因存在测量时间内首尾的半个脉冲问题，可能会有 2 个脉冲的误差。速度较低时，因测量时间内的脉冲数变少，误差所占的比例会变大，所以 M 法宜测量高速。如要降低测量的速度下限，可以提高编码器线数或增加测量时间，使一次采集的脉冲数尽可能多。

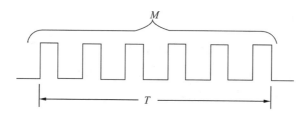

图 4.6.1　M 法测量速度

转速 N 的计算公式为

$$N = \frac{60M}{nT} \ (\text{r/min}) \tag{4.6.1}$$

式中，M 为在周期时间内检测旋转脉冲的个数；T 为周期时间，单位为 s；n 是转轴每转动一圈产生的脉冲个数。乘上 60 是做单位换算，转速单位是 r/min，乘上 60 后，单位是 r/s。

T 法（测周期法）：如图 4.6.2 所示，将两个脉冲之间的时间换算成周期，从而得到频率。因存在半个时间单位的问题，可能会有 1 个时间单位的误差。速度较高时，测得的周期较小，误差所占的比例较大，所以 T 法宜测量低速。如要增加速度测量的上限，可以减少编码器的脉冲数，或使用更小、更精确的计时单位，使一次测量的时间值尽可能大。

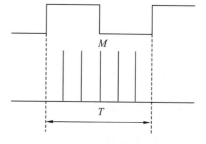

图 4.6.2　T 法测量速度

使用一个高频时钟在脉冲开始的时候计时，脉冲结束的时候关闭，则转速 N 的计算公式为

$$N = \frac{60}{nT} = \frac{60 f_0}{nM} \tag{4.6.2}$$

式中，n 为转轴每转动一圈产生的脉冲个数；M 为一个周期内的高频时钟脉冲个数；f_0 为高频时钟；T 为测量出来的一个周期的时间（$T=M/f_0$），单位为 s。乘上 60 是做单位换算，转速单位是 r/min，乘上 60 后，转速单位就是 r/s。

M 法、T 法各有优劣和适用范围，编码器线数不能无限增加、测量时间不能太长（考虑实时性）、计时单位也不能无限小，所以往往 M 法、T 法都无法完成全速度范围内的测量。因此产生了 M 法、T 法结合的 M/T 法测速（图 4.6.3）。

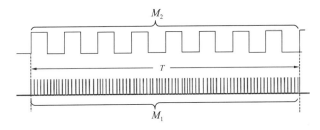

图 4.6.3　M/T 法测量速度

该方法检测周期时间内的脉冲个数，同时检测同一时间间隔的高频时钟脉冲个数，测量的电机转速为

$$N = \frac{60 M_2}{nT} = \frac{60 M_2 f_0}{n M_1} \tag{4.6.3}$$

式中，M_2 为周期时间内编码器的脉冲数，M_1 为这段时间内的高频脉冲计数值。简单地说，就是在 1 s 内测量 M_2 个脉冲所用的时间，然后计算这 1 s 内的电机速度，这 1 s 是采样周期，与计算结果无关，可以人为地设置大小。

在 M/T 法测速中，若采样时间开启时刻与编码器脉冲的边沿不同步，则会造成高频时钟计数值偏大。采样结束时同样会有这个问题存在，所以提高测速精度的关键在于高频计数时钟与编码器的输出脉冲同步开启和关闭，也就是当脉冲是上升沿时就开启时钟计数，同样在上升沿时关闭计数，这样测出来的脉冲数和时间与采样时间无关联，仅与输出的脉冲有关。

（2）霍尔传感器的测速

无刷电机上的反馈信号装置常见的有编码器和霍尔传感器。GM37-545 有

刷直流电机上的编码器同样是由霍尔传感器构成，但这只是利用霍尔传感器作为感应元件，实际的输出则是按照普通的增量式编码器输出两相相位差为 90°的方波脉冲，所以也将其视为编码器。而无刷电机上的霍尔传感器则是特指可以输出三相相位差为 120°或者 60°的方波脉冲，这两种相位差输出方式，都是相差 60°就会有一相电平信号发生翻转。120°相位差霍尔信号示意图如图 4.6.4 所示。

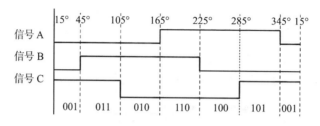

图 4.6.4　120°相位差霍尔信号示意图

STM32 也有专用的霍尔传感器接口，先将这 3 个信号进行异或，异或之后的信号，在每一相的电平翻转时，都会触发内部定时器中断，进而改变输出脉冲进行换相操作。霍尔传感器接口（图 4.6.5）可以测量电机换相位置。3 个通道的输入信号均异或到 TI1 上。虽然霍尔传感器接口将 3 个信号都异或起来作为触发输入，但是并没有将输入捕获通道关闭，可以使用输入捕获功能，将前后两次的霍尔信号所用的时间，捕获到 CH1 的比较器上，测出前后两次的霍尔信号的间隔时间。

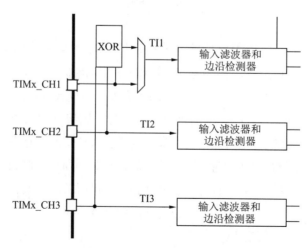

图 4.6.5　霍尔传感器接口

如果使用 M 法测量速度，可以在霍尔信号触发中断时，记录中断次数，然后设定一个采样时间，当采样时可以根据中断次数和采样时间计算电机速度。

如果使用 T 法测量速度，可以记录前后两次中断的比较值，得到两次中断的时间间隔，计算出中断频率，从而得到电机速度。

如果使用 M/T 法测量速度，可以设定一个采样周期，同时在每一次中断时累加比较值和记录中断次数，然后在采样时计算出速度值。

编码器的霍尔信号输出与电机的磁极数量有关。若是 4 对极的无刷电机，则电机转动一圈，三相输出信号最多可以输出 24 个脉冲信号。在计算速度时也要注意这一点。

（3）软件实现

① 电机转向判断。

换相需要获取霍尔传感器的引脚状态，之后可以根据上一次中断时的状态判断电机当前是顺时针转动还是逆时针转动。判断方法是用了一个顺序列表，当电机是逆时针转动时，3 个霍尔信号的引脚状态变化（图 4.6.6）应该是 3（011）→2（010）→6（110）→4（100）→5（101）→1（001）。若使用一个数组来存储这些序号，数组下标作为当前霍尔信号的状态，则该下标存储的数据就是上一步的状态。

```
01 const uint8_t HALL_Sequence_CCW[7]= {0,5,3,1,6,4,2};//326451
```

图 4.6.6　霍尔信号的状态

当霍尔状态是 2 时，上一个状态是 3 的话逆时针旋转，那么就在下标是 2 的数组元素存储 3 这个数字，再用一个变量存储上一次的状态值（也就是 3）。当触发中断时直接查表，例如：当触发霍尔中断时，当前霍尔引脚状态是 2，那么查询下标是 2 的数组元素是 3，若上一次的霍尔引脚状态也是 3，则代表电机逆时针转动；若不是 3，则代表电机顺时针转动。

电机转动方向判定配置如图 4.6.7 所示。

```
01 /* 方向判定 */
02 if ( tmphall == HALL_Sequence_CW[BLDCMotor.uwStep] ) // 顺时针转动
03     MotorDirction = MOTOR_DIR_CW;
04 else if ( tmphall == HALL_Sequence_CCW[BLDCMotor.uwStep] ) // 逆时针转动
05     MotorDirction = MOTOR_DIR_CCW;
```

图 4.6.7　电机转动方向判定配置

② 主要代码流程。

整个代码分为 3 个部分：一是主循环函数，与串口屏通信和控制电机启动、停止；二是定时任务，主要是执行 PID 算法；三是霍尔信号中断处理，用于控制电机换相。

主函数：等待串口屏的按钮操作，如果按钮被按下，就会启动电机执行 PID 算法，控制电机 PWM 占空比是在定时中断或霍尔信号中断里面进行的。

霍尔信号中断：启动电机之后，当霍尔信号发生变化时，会触发一个中断，并且定时器会捕获触发中断的时间，所以在中断里面可以记录触发中断的时间并累加起来，然后记录发生中断的次数，用于计算速度，同时进行换相操作。

定时任务：使用滴答定时器来作为时钟基准，每隔 1 ms 就会计数一次，计数到 100 之后执行一次中断函数里面的内容。首先是读取霍尔传感器的脉冲数和这段脉冲数所用的时间，计算出电机速度，同时还会对电机速度做平滑滤波处理，也就是每隔 100 ms 就采集电机速度一次。当使能电机转动标志位被置 1 时，开始计算 PID 参数，然后根据计算结果的正负判断电机应该往哪个方向转动，同时修改输出 PWM 占空比。由于电机换向时可能会出现减速到 0 再启动会失败的情况，所以在修改占空比之后会判断电机实际转动方向与 PID 计算结果的方向是否一致，若不一致且速度为 0，则重新启动电机。

在本实验中，当霍尔信号触发中断时修改了高级定时器的 PWM 输出模式，设置的相序并不是下一步的相序，而是在设置完直接使用软件触发 COM 事件，使这一次的相序生效。

无刷电机闭环流程图如图 4.6.8 所示。

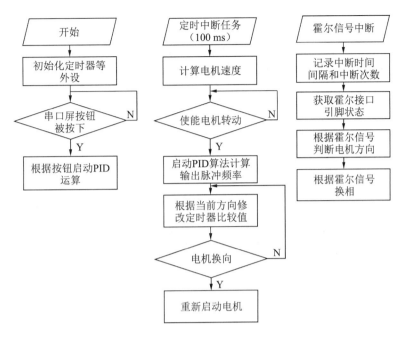

图 4.6.8　无刷电机闭环流程图

4.6.4　实验内容

① 测量出霍尔传感器的信号波形，利用传感器计算出电机速度。

② 使用实验例程测出电机速度，对比计算结果。

③ 掌握调节 BLDC 和 PMSM 电机的闭环控制参数的方法。

4.6.5　实验步骤

① 将 HMI 串口屏的连接线接到 YS-F4Pro 的接口上。

② 将实验 4.6 例程烧录到 YS-F4Pro 开发板上。

③ 在 HMI 串口屏上按以下顺序操作进入闭环控制界面（图 4.6.9）：
"实验选项" → "无刷直流电机"。

④ 单击"确定"按钮，电机将按照设置的参数值转动。目标值不宜过大，待电机转速稳定之后，使用示波器或逻辑分析仪测量出霍尔传感器的波形，将波形计算电机速度值与串口屏显示的速度值进行比对，看是否一致，分析误差原因。

⑤ 按"停止"按钮使电机停止，修改参数值验证不同参数的电机转动情

况，测量出不同速度，并与实际速度对比。

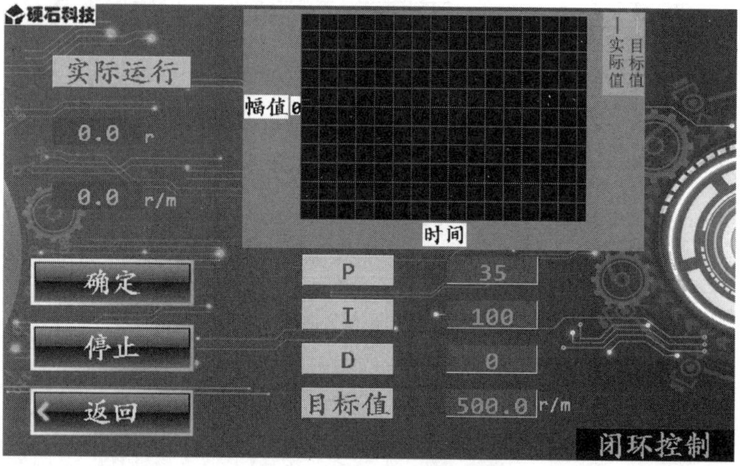

图 4.6.9　闭环控制界面

4.6.6　实验报告要求

① 思考：如何使用 PMSM 电机的编码器做闭环控制？
② 总结出 PID 参数的调节规律。
③ 修改代码，使用不同的测量方式测量电机速度。

4.7　自动搜索原点实现实验

4.7.1　实验目的

① 掌握步进电机搜索原点的算法；
② 了解步进电机在实际应用中的运行方式。

4.7.2　实验器材

① YS-ExBox 电机控制实验箱；
② YS-F4Pro 工业 & 运动控制开发板；

③ HMI 串口屏；

④ 步进电机驱动器；

⑤ 步进电机；

⑥ 丝杆导轨；

⑦ 限位开关。

4.7.3 实验原理

(1) 回归原点

由于步进电机的开环控制具有精度高、惯量低、无累计误差等特点，因此可通过驱动器输入端输入的脉冲数量和频率实现步进电机的角度和速度控制，且无须反馈信号。在转矩能满足的情况下，常用步进电机来代替高成本的伺服电机。步进电机常用于与定位相关的机械设备，如数控机床、自动送料机、硬盘、3D 打印机、绘图仪。在所有需要定位的设备中，一个最重要的功能就是回归原点功能。例如：数控机床在加工完一个工件之后需要回归原点等待下一次加工，或者在加工过程中突然断电导致设备停机，重新上电之后需要回归原点重新开始。

本实验使用丝杆导轨来模拟实现回归原点功能。回归原点模式如图 4.7.1 所示。

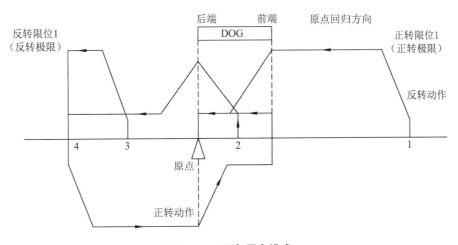

图 4.7.1　回归原点模式

丝杆上使用 3 个限位开关用于指示当前丝杆的位置。远离电机的一端是正转限位开关，靠近电机的一端是反转限位开关，中间靠近反转限位开关的是原点。设计有正转限位、反转限位时,执行近点信号(DOG)搜索回归原点。此时,因原点回归的开始位置不同,原定回归动作也各不相同。当滑块接触原点限位开关时,开关导通,此为 DOG 前端;当滑块离开原点限位开关时,开关关闭,到达原点,电机立即停止。

① 滑块起始位置在 DOG 前端至正转极限之间,包括正转极限有效导通时的位置。

(a) 加速至原点回归速度,以原点回归速度,向原点回归方向移动。

(b) 一旦检测到 DOG 前端,电机开始减速,然后以爬行速度运行。

(c) 检测出 DOG 后端,立即停止。

② 滑块起始位置在 DOG 前端和后端之间。

(a) 加速至原点回归速度,向原点回归方向移动。

(b) 检测出 DOG 后端后减速至爬行速度,继续爬行。

(c) 接触到反转限位,立刻停止,然后反向加速至原点回归速度。

(d) 检测出 DOG 后端,就开始减速到爬行速度。

(e) 检测出 DOG 前端,立即停止。

(f) 反向以爬行速度转动,检测出 DOG 后端之后立即停止。

③ 滑块起始位置在反转极限和原点之间。

(a) 加速至原点回归速度,向原点回归方向移动。

(b) 检测出反转极限,立即停止。

(c) 反向加速至原点回归速度。

(d) 检测到 DOG 后端,减速至爬行速度。

(e) 检测到 DOG 前端,立即停止。

(f) 以爬行速度向原点回归方向移动,检测出 DOG 后端之后立即停止。

④ 滑块起始位置在反转限位开关为 ON 的位置。

(a) 加速至原点回归速度,向与原点回归方向相反的方向移动。

(b) 检测出 DOG 后端,减速至爬行速度。

(c) 检测到 DOG 前端,立即停止。

(d) 以爬行速度向原点回归方向移动。

(e) 检测到 DOG 后端,立即停止。

在设计近点信号时,要考虑有足够的时间减速到爬行速度,并且爬行速度需要尽量慢。因为其停止没有减速过程,如果爬行速度过快,可能会导致位置偏移。无论在哪个位置启动，原点回归方向都是往反转极限的位置转动。

整个流程可以总结如下：在丝杆导轨上任意一个地方启动，都是沿着反转极限的方向转动，并且都会加速至原点回归速度，碰到 DOG 信号的前端或者后端都会减速至爬行速度，然后以爬行速度从 DOG 的前端转动到 DOG 的后端，后端信号消失后立即停止。这个过程可以使用状态机来实现，状态机的状态切换由限位开关来决定。

在 2 号位置启动时可以直接使用爬行速度运动到原点停止，但为了编程方便，直接将所有的起始状态都设定加速启动，然后搜索原点。

（2）限位开关

本实验使用的限位开关是电感型接近传感器。输出控制所使用内部带弱上拉的 NPN 型输出线的输出电流非常微弱。平常状态下输出高电平；当有金属块靠近的时候，信号线输出低电平，指示 LED 亮。根据这个特性，将信号线输出线连接到光耦输入端的 IN−，IN+端接到 24 V，则可以在有金属块靠近时光耦导通，给主控一个触发信号。控制输出原理图如图 4.7.2 所示。

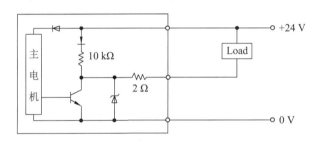

图 4.7.2　控制输出原理图

限位开关连接到主控板的通用输入接口，通用输入接口使用光耦隔离信号，且光耦输出为开漏输出，连接了一个上拉电阻之后接到主控芯片上，所以当限位开关导通的时候，光耦输出低电平，关断时光耦输出高电平。DOG 前端是指光耦输出的下降沿，DOG 后端则是指光耦输出的上升沿。通用输入隔离接口如图 4.7.3 所示。

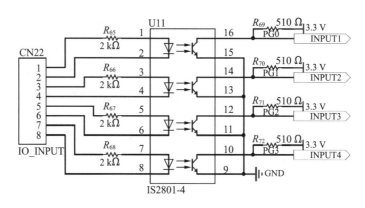

图 4.7.3 通用输入隔离接口

(3) 软件实现

① 运行过程。

自动搜索原点的算法建立在梯形加减速算法基础上，并使用 3 个限位开关作为状态机的切换条件。在执行搜索原点位置时，状态机则根据触发中断的信号电平做切换。根据电机的启动位置不同，相同的触发条件可以有不同的动作。

在开始启动电机搜索原点的时候可先根据这 3 个限位开关（图 4.7.1）的状态判断当前电机在导轨上的大概位置。如果所有开关都处于 OFF 状态或只有正转限位是 ON 状态，那就是 1 号位置或是 3 号位置；如果原点开关是 ON 状态，那么说明当前电机处于 2 号位置；如果反转限位开关是 ON，那么电机就处于 4 号位置。

无论处于哪一个位置，都是以加速启动，唯一不同的是，当处于 4 号位置时，电机是反向转动。启动搜索原点程序配置如图 4.7.4 所示。

```
01 void STEPMOTOR_AxisHome( int32_t fastseek_speed,   uint32_t slowseek_speed,
02                         uint32_t accel, uint32_t decel) {
04     HomeDir = MOTOR_DIR_CCW;// 回归原点的方向,默认是反转极限的方向.
05     /* 先判断当前滑块位置 */
06     if (HAL_GPIO_ReadPin(LIMNEG_PORT,LIMNEG_PIN)==LIM_NEG_LEVEL) {
07         BeginState = NEGLIM;
08         HomeDir = MOTOR_DIR_CW;
09     } else if (HAL_GPIO_ReadPin(LIMNEG_PORT,LIMPOS_PIN)==LIM_POS_LEVEL) {
10         BeginState = NORMAL;
11     } else if (HAL_GPIO_ReadPin(LIMNEG_PORT,ORIGIN_PIN )==ORIGIN_LEVEL) {
12         BeginState = INDOG;
13     } else {
14         BeginState = NORMAL;// 剩下两种状态无法分辨出来.统一按 NORMAL 处理
15     }
16     OriginFlag = 1;
17     /* 无论哪个位置第一步都是加速启动 */
18     STEPMOTOR_AxisMoveRel();
19     /* 计算出爬行速度的比较值 */
20     srd.medle_delay = (int32_t)(A_T_x10/slowseek_speed);
21 }
```

图 4.7.4　启动搜索原点程序配置

从图 4.7.1 可以知道电机从 4 号位置经过 DOG 后端，原点开关信号是从 OFF 状态切换到 ON 状态。如果是从 1 号位置进入 DOG 前端，同样也是从 OFF 状态切换到 ON 状态。这两种情况有共同的处理方法，就是进入减速阶段。

电机从 1 号或 4 号位置获得 DOG 后端信号时，都是直接停止，但是从 2 号位置经过 DOG 后端信号则开始减速，所以从 2 号位置启动情况可以做相关判断。

如果电机从 2 号、3 号、4 号位置启动，都必然会碰到反转极限，碰到极限之后必须停止并往反方向转动，所以在 2 号、3 号位置启动的电机碰到极限之后路线就跟 4 号合并了。

根据以上分析可以总结出以下结论：电机碰到 DOG 前端信号则减速，碰到 DOG 后端信号则停止，碰到反转极限必须立即停止，然后反向转动；特殊情况是从 2 号位置启动的电机经过 DOG 后端进入减速阶段；从 4 号位置启动的电机的 DOG 前端信号位于 DOG 后端，当检测到 DOG 后端信号时信号位于 DOG 前端。限位开关中断回调函数配置如图 4.7.5 所示。

```c
01 void HAL_GPIO_EXTI_Callback(uint16_t GPIO_Pin)
02 {
03     /* 正反转限位 */
04     if ((GPIO_Pin == LIMPOS_PIN)||(GPIO_Pin == LIMNEG_PIN)) {
05         StopMotor();
06     }
07     /* 原点回归算法的状态机实现 */
08     if (OriginFlag == 1) {
09         switch (GPIO_Pin) {
10         /* 碰到反转限位,说明符合滑块在原点后面 */
11         case LIMNEG_PIN:
12             StopMotor();
13             /* 继续搜索原点 */
14             break;
15         case ORIGIN_PIN:
16             /* 下降沿为 DOG 信号前端 */
17             if (HAL_GPIO_ReadPin(ORIGIN_PORT,GPIO_Pin) == ORIGIN_LEVEL) {
18                 // 进入减速
19             } else { // 上升沿
20                 /* 捕获到近点信号 DOG 后端(原点) */
21                 if (BeginState == NEGLIM) { //碰到极限后再碰倒 DOG 后端的情况
22                     StopMotor();
23                     // 继续搜索原点
24                 }
25                 /* 从状态 2 起步的时候碰到后端,直接减速 */
26                 else   if (BeginState == INDOG) {
27                     // 进入减速
28                 } else {
29                     /* 从状态 1 起步的时候碰到后端*/
30                     StopMotor();//正常情况下回到原点
31                 }
32             }
33             break;
34         }
35     }
36 }
```

图 4.7.5　限位开关中断回调函数配置

② 主要代码流程

启动时可以直接调用梯形加减速的函数来使用,不同的是自动搜索原点所设定的步数应该尽可能大,使其可以在导轨的长度范围内找到原点。实验例程默认使用反转的方向作为回归原点的方向,无论电机从哪个位置启动都可以找到原点所在的位置。

从结论上可以得到限位开关中断的代码流程。主要代码流程如图 4.7.6 所示。

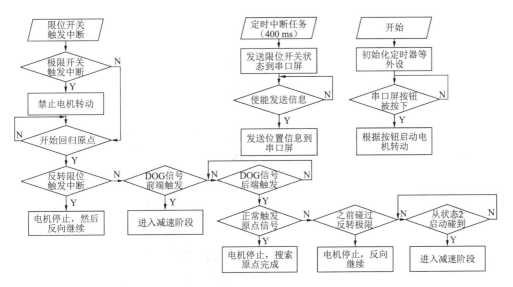

图 4.7.6　主要代码流程图

在中断时判断触发中断的是哪个开关,若是反转限位,则电机立即停止,然后设定方向为反方向,再重新启动搜索原点。若是进入 DOG 前端,则进入减速阶段(对于从 4 号位置启动的电机,DOG 后端实质上是 DOG 前端信号)。若是 DOG 后端信号,则分三种情况处理:若电机是从 1 号位置启动,则说明电机当前位于原点,可以停止;若电机从反转限位启动,当前位于 DOG 前端,则电机停下并反转;若电机从 2 号位置启动,则进入减速阶段。

4.7.4　实验内容

① 验证回归原点实现算法。
② 掌握步进电机在不同位置启动的多种回归原点方案。

4.7.5　实验步骤

① 将 HMI 串口屏的连接线接到 YS-F4Pro 的接口上。
② 将实验 4.7 例程烧录到 YS-F4Pro 开发板上。
③ 在 HMI 串口屏上按以下顺序操作进入回归原点控制界面(图 4.7.7):
"实验选项" → "回归原点"。
④ 单击"搜索原点"按钮,然后等待电机回归原点停止。
⑤ 修改电机加速度、减速度和回归速度,单击"正常运行"按钮,让电

机转动一定的距离，使滑块停在导轨上的任意位置，然后搜索原点。

⑥ 单击"正常运行"按钮，滑块转动的距离是固定的，这个功能只用来调整滑块位置，这里不作为主要功能使用。

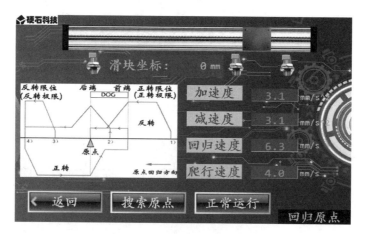

图 4.7.7　回归原点控制界面

4.7.6　实验报告要求

① 思考：如果要优化在 2 号位置启动的代码，该如何改动代码？

② 思考：假设加减速不变，如何在正常运行时做到变速运行？

第 5 章 STM32 电机控制实验（实际应用控制）

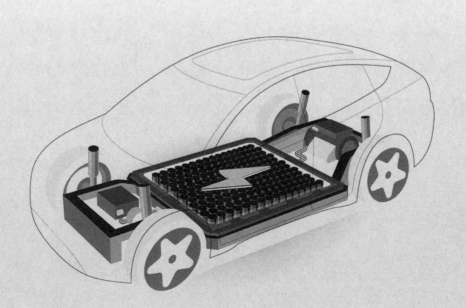

5.1 有刷电机圆盘式存储箱应用

5.1.1 设备功能简介

一个设备系统的稳定性离不开反馈系统的帮助，主控芯片通过反馈信号可以确定单机当前的状态，包括速度、位置等信息。有了反馈信号，主控可以及时对外界因素的改变做出反应，避免不必要的损坏。

在实际应用中使用到的闭环控制并不一定就是使用编码器实现的速度位置闭环，也可以使用简单外部开关作为一个位置反馈。例如：使用步进电机带动设备转动，当设备转动到某个位置时触发一个开关由 OFF 状态变为 ON 状态，就可以反馈到主控，从而做出下一步的控制指令。丝杆导轨上的限位开关就是这样的作用。一旦触发了限位开关，就可以知道当前位置是处于正转极限还是处于反转极限。如果碰到这两个开关，就需要强制停止电机，防止设备与导轨的边沿发生碰撞。这也是一种位置反馈装置。

实际的设备中需要使用开关信号作为位置反馈信号。例如：圆盘式存储箱内部为一个圆盘放置 20 个小型的存储箱。出口位置只能容纳一个存储箱，当使用者输入一个设备号的时候，圆盘开始转动。当该设备号的存储箱转动到出口位置的时候就停止，使用者就可以使用该存储箱。

圆盘式存储箱机械结构如图 5.1.1 所示。

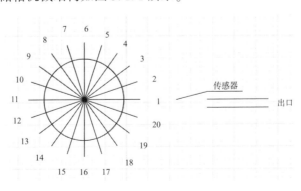

图 5.1.1 圆盘式存储箱机械结构

圆盘中心使用一个有刷直流电机控制,当使用者输入"5"时,电机带动圆盘转动,每有一个存储箱经过出口时都会触发传感器,主控芯片就开始计数,当计数到4时,5号存储箱处于出口位置。这个时候可以使用另外一个推杆电机将存储箱推到出口位置,并当使用者使用完毕之后将存储箱放进原位,等待下一次的使用。传感器可以使用非接触式的光电传感器,也可以使用接触式的传感器。

5.1.2 实验器材

① YS-ExBox 电机控制实验箱;

② YS-F4Pro 工业 & 运动控制开发板;

③ HMI 串口屏;

④ 有刷电机驱动板;

⑤ 减速比为 1∶30 的有刷直流电机。

5.1.3 控制原理

(1) 运动过程

① 使用者输入存储箱编号,编号范围为 1~20。在现场应用中输入设备应为键盘或者屏幕,在本实验中使用串口屏模拟输入设备。

② 圆盘转动,传感器计数。圆盘转动过程中,当一个传感器经过出口时,传感器就触发一次信号,主控芯片可以计数一次。在本实验中,传感器使用按键来代替。

③ 输入的编号所对应的存储箱在出口位置时,所有 LED 亮,代表箱子已到达目标位置;按下按键就灭,代表已经将箱子放回去。

有刷直流电机本身没有定位性能,加上一个简单的传感器就可以实现定点控制的功能。在电机转速不是很快的情况下完全可以使用这种方法来实现。当然,也可以使用步进电机来代替有刷直流电机,这样就可以省掉一个传感器。但是步进电机在驱动大负载的设备时,速度太高或电流不够都会引起丢步,从而导致定位不准确。不同的电机有不同的优势,在不同的设备中有不同的应用,本实验就是使用有刷直流电机来驱动圆盘。

(2) 软件实现

整个操作过程使用按键作为信号控制,KEY1 作为传感器信号,KEY2 作为复位信号。在串口屏上输入目标存储箱编号,然后单击 OK 发送到 F4 主控板上。在主控板上开始计算从当前在出口的存储箱编号到目标存储箱编号最近的方向,和需要经过多少个存储箱。在电机转动的过程中,使用 KEY1 来模拟有存储箱经过出口位置,触发传感器信号。在程序中使用滴答定时器来计数,定时扫描 KEY1 和 KEY2 的状态。当检测到 KEY1 信号时,记录当前在出口的存储箱编号,计数同时减一。当目标存储箱已经到达出口位置时,计数为 0,停止电机动作,点亮 LED1,串口屏上也会显示当前在出口位置的存储箱。位于出口的存储箱与目标编号一致的时候,LED1 被点亮,按下 KEY2,LED 熄灭,这个时候可以重新在串口屏上输入目标编号。

在串口屏上输入目标存储器编号之后,主控板根据当前位于出口的存储器编号计算出电机的转动方向和传感器需要触发多少次才会使目标存储箱到达出口位置。主要代码流程如图 5.1.2 所示。需要根据实际情况来做各种判断。首先判断目标编号是否大于当前编号,根据大小不同有不同的处理方法。若目标编号大于当前编号并且差距小于 10,则电机转动方向为顺时针,并且直接使用目标编号减去当前编号就是相差的存储箱数量。若差距大于 10,则转动方向是逆时针方向,并且相差数量是 20 减去目标值和当前值的差距。若目标值小于当前值,则反过来计算。

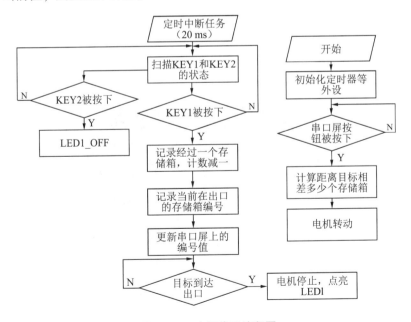

图 5.1.2　主要代码流程图

计算过程函数配置如图 5.1.3 所示。

```
01  int32_t Calc(int32_t Tar, int32_t Num)
02  {
03      int32_t tmp = 0;
04      if (Tar>Num) {
05          tmp = Tar - Num;
06          if (tmp <= 10) {
07              Motor_dir = MOTOR_DIR_CW;   // 设定方向
08          } else {
09              Motor_dir = MOTOR_DIR_CCW;  // 设定方向
10              tmp = 20 - Tar + Num;
11          }
12          return tmp;
13      } else {
14          tmp = Num - Tar;
15          if (tmp <= 10) {
16              Motor_dir = MOTOR_DIR_CCW;  // 设定方向
17          } else {
18              Motor_dir = MOTOR_DIR_CW;   // 设定方向
19              tmp = 20 - Num + Tar;
20          }
21          return tmp;
22      }
23  }
```

图 5.1.3　计算过程函数配置

5.1.4　操作步骤

① 将 HMI 串口屏的连接线接到 YS-F4Pro 的接口上。

② 将实验 5.1 例程烧录到 YS-F4Pro 开发板上。

③ 在 HMI 串口屏上按以下顺序操作进入圆盘式存储箱控制界面（图 5.1.4）："实验选项"→"圆盘式存储箱"。

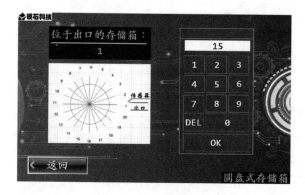

图 5.1.4　圆盘式存储箱控制界面

④ 在右边的数字键盘输入不大于 20 的编号，然后单击"OK"按钮，电

机开始转动。

⑤ 按下 KEY1，屏幕上的数字变化±1，当数字与设定的编号相等时，电机停止转动。

⑥ 按下 KEY2，表示已经操作完毕，存储箱已放回原位，然后可以继续设置编号。

5.2 USB 离线控制无刷电机应用

5.2.1 设备功能简介

实际应用的工业设备往往要求可以灵活改变工作方式。因为生产产品可以是多样的，但生产设备却不能适配如此繁多的产品，考虑到成本因素，所以要求生产设备能够灵活可变地适应不同产品的生产要求。这就需要生产设备具有二次开发功能。

多数设备在二次开发时，仅需要技术人员在远程电脑端测试编程，然后将控制电机的指令保存下来，将控制指令带到工业现场，完成设备的指令更新，在批量生产时设备就会按照指令使电机完成重复动作。这种开发过程并不需要了解主控芯片的内部控制指令，也不需要专门学习控制技能，只需要按照特定的步骤格式和编程顺序，就能编写出让电机转动的指令。这样就大幅度地降低了设备的学习和使用成本，并且在生产上也可以适应不同产品的流水线设备。

5.2.2 实验器材

① YS-ExBox 电机控制实验箱；

② YS-F4Pro 工业 & 运动控制开发板；

③ HMI 串口屏；

④ 无刷电机驱动板；

⑤ 无刷直流电机；

⑥ USB 设备（读卡器和内存卡）或者 U 盘。

5.2.3 控制原理

(1) 实验模拟设备的功能执行步骤

① 在电脑端进行电机控制指令编程。

② 将指令保存为文本文件,且大小不超过 16 MB。

③ 使用 USB 设备将指令转存到 YS-F4Pro 主控板。

④ YS-F4Pro 主控板将指令保存在板载 Flash 内。

⑤ 读取 Flash 内的指令,按照指令控制电机转动。

只需要在电脑端编程一次,就可以将指令保存在 Flash 中,然后每次工作时只需要从 Flash 里面读取指令数据即可,而无须 USB 设备的参与。

(2) 编程指令说明

USB 离线控制指令样例如图 5.2.1 所示。

```
1, BLDCM, 1000,  4500, 500;
2, BLDCM, -1000, 4500, 500;
3, BLDCM, 2000,  4500, 500;
4, BLDCM, -2000, 4500, 500;
5, BLDCM, 1500,  4500, 500;
```

图 5.2.1　USB 离线控制指令样例

图中总共有 5 条指令,其中第一条是

1, BLDCM, 1 000, 4 500, 500;

1 是序号,BLDCM 是使用的电机,代指 BLDC 电机,1 000 是电机的速度值,单位是 r/min,4 500 是持续转动的时间,500 是停止时间。这一条指令意思是使 BLDC 电机以 1 000 r/min 的速度转动 4 500 ms,然后停下来,500 ms 之后执行下一条指令。指令之间使用分号分隔开,参数与参数之间使用逗号隔开。空格和回车换行字符不影响指令的解析和执行,可以借助空格和回车换行来对齐排列。文件保存格式是".txt"文件,并且大小不能超过 16 MB。所有字符都应在英文输入法下输入。

代码中创建一个 4 KB 的空间作为缓存区,从 U 盘里面读取的数据首先保存在缓存区里面,缓存区满了以后可写入板载串行 Flash 里面,然后重复读写动作。

只要按照这个格式进行控制指令编程，就可以驱动电机完成相应的生产工作。

（3）主控程序流程

主控程序流程如图 5.2.2 所示。

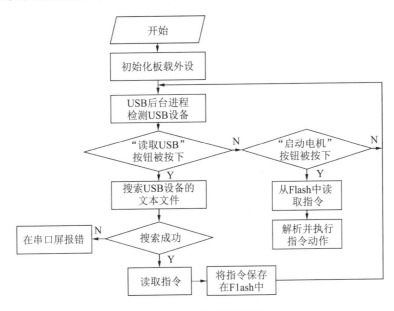

图 5.2.2　主控程序流程图

在 main.c 函数中，循环执行 USB 进程函数，在后台扫描 USB 设备，一旦接入 USB 设备即可读取设备的内容，同时检测串口屏的按钮是否被按下，若已经按下"读取 USB"，则扫描 USB 设备的文件，扫描到 USB 设备存储有文本文件时就读取最后扫描到的文本文件，并且将扫描到的文本文件保存在板载的串行 Flash 里面。若按下"启动电机"，则从 Flash 里面读取数据，解析指令，然后按照指令执行动作，驱动电机转动。USB 设备可以是 U 盘，也可以是"读卡器+内存卡"。

在读取 USB 文件的时候，根据文本文件的大小擦除 Flash 扇区，将文件中的空格和回车换行字符全部删掉，然后保存在 Flash 内。在保存的时候，首地址预留了 4 个字节的空间，用来保存数据总量。

在读取 Flash 的时候，先读取首地址的 4 个字节数据，来作为读取次数的控制。读取一部分的数据保存在缓存区里，然后解析指令，将电机、速度、转动时间、停止时间等信息提取出来，再根据提取出来的指令控制电机转动。在执行完一条指令之后再从缓存区里解析下一条指令,并执行。当缓存区的指令已经读取完之后,就从 Flash 里面读取指令填充缓存区,一直到 Flash 的指令全部读取完为止。读取 USB 文件和读取 Flash 指令的流程如图 5.2.3 所示。

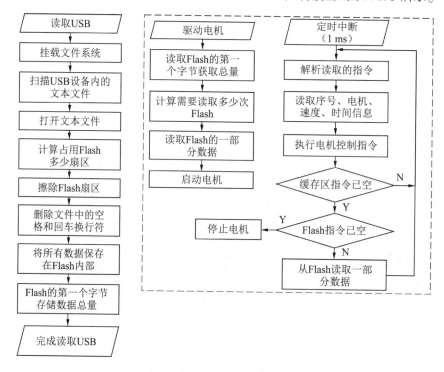

图 5.2.3 读取 USB 文件和读取 Flash 指令的流程

5.2.4 操作步骤

① 在电脑端按照编程指令格式说明编写控制指令。

② 将指令保存为".txt"文本文件,文件大小不超过 16 MB。

③ 将指令文本文件保存在 USB 设备上。(USB 设备上最好只有一个控制指令文件)

④ 将 USB 设备连接到 YS-F4Pro 主控板上。

⑤ 打开实验电源,按下主控板的复位键。

⑥ 在 HMI 串口屏上按以下顺序操作进入 USB 离线控制界面(图 5.2.4):"实验选项"→"USB 离线控制"。

⑦ 按下"读取 USB"按钮,主控板将 U 盘中的指令文件保存在板上 Flash 内。

⑧ 然后按下"启动电机"按钮，主控板从 Flash 读取控制指令，然后控制电机转动。

⑨ 待电机停止转动，把 USB 设备从主控板上拔掉，然后再按"启动电机"按钮，重复指令动作。

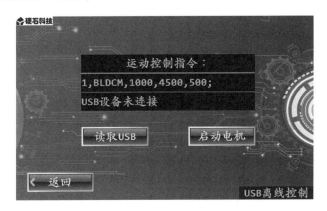

图 5.2.4　USB 离线控制界面

参 考 文 献

[1] 王建. 汽车现代测试技术［M］. 北京：国防工业出版社，2013.

[2] 唐岚. 汽车测试技术［M］. 北京：机械工业出版社，2006.

[3] 李成华，栗震霄，赵朝会. 现代测试技术［M］. 2版. 北京：中国农业大学出版社，2012.

[4] 陈科山，王燕. 现代测试技术［M］. 北京：北京大学出版社，2011.

[5] 麻友良. 测试技术［M］. 北京：化学工业出版社，2008.

[6] 周传德. 机械工程测试技术［M］. 重庆：重庆大学出版社，2014.

[7] 陈国强，范小彬. 工程测试技术与信号处理［M］. 北京：中国电力出版社，2013.

[8] 刘火良，杨森. STM32库开发实战指南［M］. 北京：机械工业出版社，2013.

[9] 陈志旺. STM32嵌入式微控制器快速上手［M］. 3版. 北京：电子工业出版社，2024.

[10] 肖广兵. ARM嵌入式开发实例：基于STM32的系统设计［M］. 北京：电子工业出版社，2013.

[11] 杜春雷. ARM体系结构与编程［M］. 北京：清华大学出版社，2003.